西南边疆山地区域开发开放协同创新中心研究丛书

钟昌标　主编

低丘缓坡山地开发土地利用效率与成本研究

以云南省为例

A STUDY OF LAND USE RATE AND LAND DEVELOPMENT COST
IN LOW-SLOP HILLY AND MOUNTAINS AREA

张洪　袁磊　李彦／著

社会科学文献出版社
SOCIAL SCIENCES ACADEMIC PRESS (CHINA)

前　言

　　随着人口增长、社会经济与城市化的快速发展，我国对土地的需求不断增加，土地资源的稀缺性问题日益突出。我国陆域国土空间中，山地、高原和丘陵约占 69%，盆地约占 19%，平原约占 12%。多年来，在相对狭小的平原地区，粮食生产与住房需求的矛盾日益突出，土地资源难以持续利用。目前，低丘缓坡山地开发已具备经济的可行性、功能的适应性和现代工程技术的保障性，国家已在条件成熟地区开展低丘缓坡山地开发试点工作，推动低丘缓坡土地规范、科学、有序开发利用。但现阶段低丘缓坡山地建设开发在生态环境适宜性、潜在地质灾害与生态风险、土地立体规划设计、土地利用监管等方面存在一系列技术问题，特别是低丘缓坡山地开发土地利用率过低和开发成本过高问题，严重影响了地方低丘缓坡山地建设开发的积极性，十分不利于低丘缓坡山地的建设开发。如何在尊重自然的基础上，实现低丘缓坡山地建设开发的经济性和合理性，是我国低丘缓坡山地建设开发需要研究的重点问题之一，也是目前低丘缓坡山地开发建设中具有紧迫性和现实性的一项研究任务。

鉴于此，本书立足低丘缓坡山地开发的现实需要，以低丘缓坡山地资源丰富，开发利用问题多元、类型多样的云南省为研究区域，对云南省14个州（市）的79个典型项目区进行了实地调查。通过因素分析、对比分析和定量评价等方法，本书分析低丘缓坡建设用地开发的特点，对比低丘缓坡山地开发与坝区土地建设开发的差异，厘清低丘缓坡山地开发中影响土地利用效率和成本的因素，从中找出与土地利用效率和开发成本关联性较强的限制因素，对低丘缓坡山地开发土地利用效率和开发成本的制约因素进行总结和提炼，深入探究低丘缓坡山地建设开发的土地利用效率和开发成本问题，为低丘缓坡山地建设开发的科学规划设计和合理的成本控制提供有益参考。

在本项研究过程中，笔者得到云南省国土资源厅和实地调研79个项目区所在州（市）国土资源局和县（市、区）国土资源局的大力支持。同时，云南财经大学城市与环境学院孟春林老师、包广静副教授、金杰老师、雷冬梅副教授、何锋老师、张静老师、李婕老师和笔者的研究生张晓娟、王安琦、曹京、束楠楠、邱渝、汪睿君等参与了本项研究工作，在研究工作中付出了较多的心血，在此感谢各位老师和同学的辛苦付出！

张洪

2016 年 9 月 18 日

于云南财经大学康园

目　录

第一章　绪论

第一节　研究背景

我国陆域国土空间中，山地、高原和丘陵约占 69%，盆地约占 19%，平原约占 12%。截至 2005 年，全国共有建制市 661 个，其中属于山地城市的有 231 个，约占总数的 35%；有县城 1900 多个，属山地型城镇的约有 960 个，超过总数的一半。多年来，在相对狭小的平原地区，我国粮食生产与社会经济发展的矛盾越发突出，仅 2001～2008 年，随着经济的快速发展和城镇化水平的不断提高，全国减少了近 8800 万亩优质耕地。"十三五"期间，我国社会经济和城镇化水平还将进一步提升，耕地保护形势严峻，国土空间优化形势紧迫。据预测，城镇化水平如果平均每年提高 1 个百分点，我国就需新增城镇建设用地 1500 平方公里。为有效缓解当前的用地矛盾，落实"保经济发展，保耕地红线工程"的"双保工程"，合理拓展用地空间，我国已在条件成熟地区开展低丘缓坡土地综合开发试点工作，推动低丘缓坡土地规范、科学、有序开发利用。

作为西南高原山区典型地区的云南省，具有"边疆、山区、民族、贫困"四位一体的基本省情，全省城镇化水平从2000年的23.4%提高到2013年的45.5%，平均每年提高1.7个百分点，但与全国同期平均水平相比，依然落后了8.2个百分点，提高城镇化发展水平的任务非常艰巨。同时，云南省94%是山区，只有6%是坝区，低丘缓坡土地资源丰富，适宜开发建设的低丘缓坡山地面积约有115.7万公顷，宜建山地空间巨大，在低丘缓坡土地综合开发与山地城镇化方面具有普遍性、典型性与示范性。保护坝区农田、建设山地城镇，是云南省贯彻落实科学发展观的具体行动、转变发展方式的重要途径和城镇建设规划指导的重大调整。《云南省人民政府关于加强耕地保护促进城镇化科学发展的意见》（云政发〔2011〕185号）要求建立用地新模式，通过"堵"，将80%以上坝区耕地划为永久性基本农田，禁止建设占用；利用"疏"，鼓励城镇向山地发展并给予适当政策优惠，引导山地城镇建设。与建设占用耕地相比，利用山地有利于保持地方特色、民族特色和风貌；有利于拓展建设空间，缓解建设用地需求与耕地保护的矛盾；有利于将山地建设与生态保护相结合，提高山地开发的综合效益；等等。但低丘缓坡山地地区生态环境多样，地形、地貌与地质构造等自然地理条件复杂，其开发中需要解决的问题很多。从目前已开展的低丘缓坡山地开发试点区域来看，低丘缓坡山地的建设开发由于受地形条件、工程基础条件、生态环境保护等诸多因素的限制，加上缺少相应政策、技术等方面的指导，因此呈现出开发成本过高、可供出让建设用地比率过低、配套基础设施用地效率低下、新增建设用地指标不足等问题，严重影响了地方低丘缓坡山地建设开发的积极性，十分不利于低丘缓坡山地的建设开发。

所以，通过对低丘缓坡进行科学合理的开发建设，可以减少山地环境中可能产生的各种危害；通过合理运用山地建筑工程措施，可以实现对土地资源的立体利用；通过悉心保护山地生态系统中的各个要素，可以促成山地生态系统内各要素的良性循环；通过对低丘缓坡土地开发的成本构成、成本影响因素进行定性和定量的研究，可以为山地城镇开发提供有益参考。

第二节　研究的目的及意义

我国现阶段社会经济条件、用地状况和山地地区特定自然环境，决定了在开发建设中必须考虑开发成本和用地效率问题。如何在尊重自然的基础上，实现低丘缓坡山地建设开发的经济性和合理性，是我国山地建设开发需要研究的重点问题之一，也是目前低丘缓坡山地开发建设中具有紧迫性和现实性的一项研究任务。

鉴于此，本书在厘清土地利用率和开发成本限制因素的基础上，结合山地地形地貌特点，分析低丘缓坡土地利用率和开发成本的影响因素，从中找出与土地利用率和开发成本关联性较强的制约因素，对低丘缓坡土地利用率和开发成本制约因素进行总结和提炼，探究低丘缓坡山地建设土地利用率提升和开发成本合理控制的科学途径，为低丘缓坡山地建设开发差异化土地政策和用地标准的制定，低丘缓坡山地建设开发科学的规划设计和合理的成本控制提供有益参考。同时，一方面，土地利用率是衡量土地利用水平的重要指标，研究低丘缓坡区域的土地利用率可为政府制定土地政策和土地规划提供可靠的决策依据，也可让用地企业更好地了解坝区与低丘缓坡区域在土地利用率方面的差异，有利于相关政策的执行。另一方面，对低丘缓坡典型项目区土地开发成本构成的分析总结和与坝区的对比分析，有助于云南省国土管理部门进一步掌握低丘缓坡试点项目土地成本的构成及影响要素，有利于下一步试点工作的推进。并且对完善现有土地一级开发中土地成本控制体系，丰富现有山地科学研究成果，促进低丘缓坡山地建设开发科学、有序开展具有一定的现实意义。

第三节　研究的内容与方法

一　研究的主要内容

1. 低丘缓坡开发的特点及其与坝区用地的差异

在分析低丘缓坡区域在地形、环境、区位等方面特点的基础上，从三个方面对低丘缓坡开发与坝区的差异性进行分析，分别是：宏观规划方面——空间布局及基础设施规模效应的差异性，微观工程建设方面——台地建设及各单项基础设施用地差异，区域生态防护用地方面——生态保护及地质灾害防治压力的差异。

2. 低丘缓坡建设用地开发限制性因素

一方面，针对低丘缓坡建设用地开发的一系列特点，分析开发建设过程中需要考虑的限制性因素，进而根据现有的城市规划等相关建设标准提出低丘缓坡区域基础设施刚性用地内容；另一方面，系统分析影响低丘缓坡土地开发成本的各项因素，从中厘清造成低丘缓坡开发成本过高的主要因素，为合理控制低丘缓坡山地开发成本提供依据。

3. 低丘缓坡建设用地开发土地利用率理论模型分析

在理论分析的基础上，构建理想条件，重点考虑低丘缓坡区域在道路建设、台地平整、边坡支护等方面与坝区的差异性，建立土地利用率理论模型。

4. 低丘缓坡建设用地开发用地率调查分析

对实地调查以及函调的低丘缓坡典型项目区资料进行整理和统计分析，并建立模型，将低丘缓坡项目区分开发类型、分坡度级进行土地利用率分析；结合实地调研，将调查数据与统计分析数据进行比较，对理论模型进行验证及修正。

5. 低丘缓坡典型项目区成本分析

通过实地调查，对 47 个低丘缓坡典型项目区的成本构成、成本差异性以及开发难易程度与成本的相关性进行定性分析与定量评价，从中厘清造成低丘缓坡山地开发成本过高的主要因素。

6. 低丘缓坡典型项目区与坝区成本比较分析

低丘缓坡山地开发与坝区土地开发存在一定的差异性，通过对比分析两者在土地征收成本、土地建设开发成本和防护工程费用等方面的差异，厘清两者在土地开发方面的差异，为制定税费减免政策、财政补贴政策和选择低丘缓坡山地开发模式等提供科学依据。

7. 低丘缓坡山地开发利用策略

在全面分析认清低丘缓坡山地开发土地利用率和开发成本问题的基础上，针对低丘缓坡山地开发土地利用率和开发成本的影响因素，厘清低丘缓坡山地开发与坝区土地开发的差异性，从规划布局、低丘缓坡区域建设用地指标支持、低丘缓坡建设控制指标体系、税费减免政策、财政补贴体系和土地管理制度等方面提出切实可行的低丘缓坡山地开发策略。

二　研究方法

1. 文献研究法

通过大量查阅相关理论著作、期刊、学位论文、规范及设计案例，了解本研究领域目前国内外理论方法的发展状况，了解不同地区山地工业建设及城市建设的设计案例，了解国内外关于土地一级开发、土地储备等方面的研究成果，为研究奠定基础。

2. 理论分析与实证相结合

通过系统的理论分析，厘清低丘缓坡山地建设开发的特点，厘清各项限制性因素，并建立理论模型，进而通过实际项目区开发规划及建设情况对理论模型进行验证。

3. 案例分析法

土地利用率和开发成本的研究不能脱离对具体案例的比较和分析。本书通过实地调研和函调收集典型项目区的资料，同时对收集到的典型项目区的实施方案进行数据整理和空间分析。在对云南省低丘缓坡试点项目区案例分析的基础上，研究地貌、地形、坡度、项目类型（城镇、工业、旅游）差异导致的土地利用率和土地开发成本的差异，为研究提供实践支撑。

4. 实地调研

调研采取典型项目区抽样调查的方法。在云南省范围内选择35个典型县（市、区）的79个项目区，涉及昆明市、曲靖市、玉溪市、红河州、文山州、普洱市、大理州、保山市、临沧市、楚雄州、西双版纳州和德宏州。同时课题组设计调查表和调查问卷，并提供相应的资料清单，请相关州（市）、县（市、区）国土资源部门和低丘缓坡土地综合开发利用项目区管委会相关人员配合填报、梳理问卷问题和提供相应的资料。

5. 数理统计与模型分析

在对项目区调查数据、预算报告中项目成本数据及函调收集数据整理分析的基础上，建立分析数据库，运用 SPSS 等分析软件，采取单因素分析及多元线性回归等方法，选取与山地开发土地利用率和山地开发土地成本关联性较强的指标，进行模型分析，在定性分析的基础上，定量研究山地开发土地利用率、山地开发土地成本与主要影响因素的关联度，为综合分析山地开发土地利用率和山地开发土地成本提供依据，提高结论的科学性。

第四节　国内外研究情况综述

1960 年中国科学院地理科学与资源研究所将"丘陵"定义为海拔高度在 500 米以下，相对高度不超过 200 米，坡度较缓、连绵不断的低矮山区，将"山地"定义为海拔高度大于 500 米，相对高度为 200 米以上的地形。低丘缓坡区域主要由丘陵、山地构成。本书针对主要研究内容，综观丘陵、山地建设开发方面的研究，主要对相关理论研究内容从丘陵、山地建设开发的基础设施研究，已有的规范对丘陵、山地建设开发的要求等几个方面进行总结。

一　国外相关研究进展

"二战"后，随着大规模的城市重建和新城建设以及全球环境变化的加剧，山地城市建设问题引起了国内外学术界的广泛关注。国际组织自 20 世纪 70 年代以来就开始关注和研究山地城市的问题。1971 年，联合国教科文组织发起的"人与生物圈计划"（MAB）把"热带、干旱、山地、城市"列为该计划的重点研究课题。1974 年国际发展基金会和国际地理学会发表的《慕尼黑宣言》主张要重视山地开发所带来的一系列环境问题。1980 年，在联合国教科文组织和联合国大学共同赞助下，国际山地学会（IMS）成立了，1981 年国际山地学会主办了《山地研究与发展》刊物，这一刊物专门刊载山地开发所涉及的各类问题及其解决思路。1983 年，在"人与生物圈计划"的推动下，国际山地综合发展中心（ICIMOD）成立了。1990 年，第一个关于山脉的跨国协议——《高山公约》形成，1991 年确定了《阿尔卑斯山保护公约》，1992 年联合国环境与发展大会通过的《21 世纪议程》中的第 13 章对山区的可持续发展进行了专门的论述。随后，《喀尔巴阡山公约》《欧洲山区公约（草案）》《罗马尼亚山区法》等相关规范性文件相继制定和出台，进一步指导和规范了山地开发利用。目前，保加利亚、法国、格鲁吉亚、意大利、乌克兰和瑞士等十几个国家已经通过详尽、具体的独特山地法律[1]。2002 年，本着增进认识和了解山区生态系统与其动态情况及功能的宗旨，由联合国倡导，召开了"国际山地年"大会，100 多位代表出席了大会，极大地推动了国际有关山地问题的研究进展。2012 年联合国可持续发展大会阐述了关于山地的三个主要问题，即山区资源合理开发利用问题、山区的贫困问题和山区生态保护问题，推动了全球关于山区可持续发展的进一步研究。同时，国外学者还十分重视山地开发影响因素以及山地开发对环境的影响，苏联学者克罗基乌斯在《城市与地形》一书中详细介绍了在山地上建造城镇的众多考虑因素，并强调了影响建设开发的因素是地形条件，以及在复杂的地形条件下如何合理地规划城镇，提出了相应的解决方案[2]。Ellingson 等（2011）、Broadbent 等（2012）、Tyrvainen 等（2014）围绕山地旅游与土地利用关系，研究山地旅游对土地利用变化的影响、山地旅游区土地利用对旅游发展的影响以及山地旅游区土地利用政策等一系列问题[3~5]。Clara Ariza、Daniel Maselli 和 Thomas Kohler（2013）立足于山区可持续发展，系统地论述了全球主要山区可持续发展面临的挑战和机遇，提出了规划和贯彻可持续发展目标以代替或补充目前的发展目标[6]。

在山地城镇建设方面，德国戈斯拉尔靠山环水，按照"人文生态法则"开展城市建设，在德国宜居城市中名列前茅。阿根廷中西部小城巴里洛切，充分利用安第斯山脉的自然景观，建设宜居生态城市，每年旅游收入十分可观。而瑞士、荷兰、日本等一些山地居多的国家，利用城镇坡地建筑很好地保护了自然生态，充分利用了环境优势，并且申请了坡地城镇建设中的一些专利。日本在山地开发中为了防止开发带来的环境破坏，制定了《国土综合开发法》和《山村振兴法》，法律规定一般山地坡度在8°以下可开垦为水田，8°～15°可作为旱地，15°～25°为经济林用地，25°以上营造用材林或防护林，严禁开垦。这样分层次的开发，既充分利用了土地资源，又保护了环境，减少了灾害，收到了较好的效果。日本还将三维技术结合遥感和地理信息系统（GIS）技术运用到山地开发中，以呈现立体的三维山地图像。同时，欧洲的那不勒斯、斯图加特、海德堡、第比利斯、雅典、爱丁堡，美洲的旧金山、西雅图、墨西哥城，亚洲的清迈、吴哥、京都、大阪、广岛等都有值得借鉴的山地城镇建设成果。

综上，国际上对山地的研究，早期多关注山地的形成及演化、山地地形构造、山地地壳运动与地形特征、山地垂直地带性的特点和地区差异规律、山地类型的划分及其有关因素等。随着山区的发展，目前，山区垂直自然带、山区开发利用、山区扶贫、山区开发对生态环境的影响和山区可持续发展是学者较为关注的研究领域。

二 国内相关研究进展

我国早期对山地的研究多集中在山区农业资源开发利用及评价上，随后，逐步扩展到山地建设适宜性评价、山地交通、山地旅游、山地工业和城镇建设等各方面。1966年，中国科学院地理研究所西南分所（1989年更名为"中国科学院·水利部成都山地灾害与环境研究所"）成立，主要研究山地灾害与地表过程以及山地环境与发展，1983年创办了《山地研究》刊物，1985年成立了专门的山地研究委员会。1992年，中国山地城镇与区域环境研究中心在重庆大学成立，一大批专业研究、设计人员投入到山地城市研究中，同年，全国首届"山地城镇规划与建设"学术研讨会召开，参会人员对山地城镇规划设计、山地建筑设计、生态环境、灾害防治等进行了广泛的学术交流，推动了山地城镇建设研究的发展。1997 年，云南省、贵州省等地也相继成立了山地城镇与区域环境研究中心的分支机构，以西南地区为代表的山地研究工作不断深入发展。2002 年 11 月，由中国科学院（简称"中科院"）、德国农业发展基金会（DSE）、国际山地综合发展中心（ICIMOD）、意大利农业发展基金会（FIAD）及成都山地灾害与环境研究所（简称"成都山地所"）共同举办的"中国国际山区扶贫研讨会"在成都召开，此次研讨会围绕贫困山区脱贫技术方法与管理政策如何协调、山区经济发展战略和政策模式这一主题，提出了可行的山区脱贫方案。

围绕山地建设开发，国内学者取得了丰富的研究成果。丁锡祉和郑远昌（1986）在《初论山地学》中，阐述了山地学的研究对象、内容和研究方法[7]，1996 年二人在《再论山地学》中进一步明确要处理人与山地之间的关系，寻找"人山关系"的优化、平衡和调控机理[8]。唐璞先生（1994）的《山地住宅建筑》、卢济威等（2001）的《山地建筑设计》和黄光宇先生（2006）的《山地城市学原理》，皆对山地开发建设的特点及其复杂性进行了研究，为进一步深入开展山地建设研究奠定了坚实的基础[9~11]。徐坚（2008）、王中德（2011）、徐思淑等（2012）、左进（2012）、宗轩（2013）等都从山地建设开发角度出发，系统阐述了山地规划与山地建筑的设计问题，丰富了山地建设理论和技术方法[12~16]。王学海（2012）在《云南山地城镇规划探索》一书中阐述了云南省山地城镇规划的思路与山地城镇规划的实例[17]。张斌在《坡地建筑设计要点解析》中，主要研究了山地中三种组织交通模式，分别为主干道加尽端路、以大台阶为轴线组织步行系统和以电梯廊桥组织公共垂直交通系统[18]。郑丽、李泽新（2006）从景观角度探讨了山地城市中道路的主要形式，并归纳了各种道路形状的景观特征，根据不同道路特征阐述了山地城市道路布线的主要形式，主要有弯道布线、蛇形布线、环形道路、尽端道路的规划[19]。谢正鼎（1998）先从山地城市的布局对城市交通的影响和对外交通运输对城市的影响入手，总结在合理布置用地的基础上建立完整的城市道路系统的重要性，并认为在城市规划时应发挥城市道路"通"和"达"的作用，充分利用地形，尽量减少工程造价，全面系统安排城市广场和道路交通设施[20]。李英民等（2010）从地下空间角度，对山地城市空间节地技术进行了研究，研究以南坪坝商业中心为例，提出了将轻轨轨道由地面改为地下，这一方案节约了地面的土地，减少了轻轨轨道的支撑体系，美化了环境[21]。吕文捷、杨进、李娟（2009）则是通过重庆市蔡家组团的控制性详细规划的编制，探索出一种新的编制模式，即引入专业的道路设计单位，采用道路工程设计的手段和方法，完成道路交通专项规划编制。采用新模式提高了道路交通规划编制的深度，确保了城市规划的可实施性和经济性，提升了控制性详细规划编制的质量，明显减少了城市建设阶段对控制性详细规划的调整工作[22]。潘小多、刘勇、邓天阳（2002）在假定已知数字高程模型以及预建道路及其边坡的有关特征参数的情况下，计算出填挖方以后的数字高程模型相应的填挖方量，结果表明在现有地理信息系统软件的基础上这一算法是可行的[23]。刘芸（1997）在《山地城市坡地开发强度研究》一文中研究了合理的坡地开发强度以及各影响因素对容积率的修正数。在确定坡地开发强度的基础上，分析因坡地而增加的开发建设影响因素及其影响强度，进而对容积率和建筑密度进行修正[24]。蒋翌帆（2009）、周潮和南晓娜（2011）、孙晓莉（2013）、李萍（2013）、杨宁（2014）、庞悦（2014）和吴强等（2014）基于 GIS 对低丘缓坡山地建设开发的适宜性进行了评价研究[25~31]。张雅杰等（2014）对山地建设与生态保护及人居环境等方面进行了一定程度的研究[32]。中海地产有限公司（2008）在《山地建筑项目工程总结》中强调，山地建筑项目的主要特点是场地不平整、高低落差大。因此，不同于一般平地项目，山地建筑项目的特点主要表现在边坡挡墙支护工程、场地土方及平整工程、土方回填工程、材料运输组织、道路交通组织、临时排水组织六个方面，需针对不同方面的难点进行总体的综合考虑，不然就会造成工程材料的浪费，增加成本或总体工期[33]。2012 年和2013 年中国科学技术协会编辑出版的《山地城镇可持续发展》

和《第三届山地人居环境可持续发展国际学术研讨会论文集》收录了大量关于山地城镇建设的研究成果。还有学者对山地建设用地的扩张模式及其与耕地的关系、山地可持续利用的模式、低丘缓坡土地资源开发利用战略、山地可持续开发的用地评价、山地工业园区的布局等开展了不同程度的研究。此外，《城市用地竖向规划规范》《城市居住区规划设计规范》《城市道路设计规范》《公路路线设计规范》等也对坡地的建设开发做了相应的规定[34~38]。在用地效率方面，施秧秧（2009）、吴尘等（2013）、郭贯成和熊强（2014）、王贺封等（2014）、陈伟等（2015）、谢花楼等（2015）从工业用地、开发区用地、产业用地、城市经济发展水平等不同角度对用地效率进行了研究，并提出了提高用地效率的策略[39~44]。

围绕山地建设开发成本问题，庞蕾（2010）对黄土沟壑地区城市山地开发进行了经济技术分析，初步提出了山地开发项目成本控制要点[45]。颜廷生（2011）对山地开发建设中成本造价的降低提出了相应的建议[46]。贾明（2011）在研究延安黄土梁峁地区山地住宅开发问题时，对山地住宅开发的成本构成进行了研究[47]。此外，李兆滋（2003）、周文国（2005）、刘明皓和邱道持（2007）、刘保奎和冯长春（2007）、王继东（2009）、左娜（2010）、邹秀清和管莹（2011）、黄海英（2012）、叶婷婷和谢丽萍（2013）、赵世臣（2014）、吴红梅（2014）、岳井峰（2015）从土地一级开发和房地产开发等角度，对土地成本问题进行了研究[48~59]。

综上，目前关于低丘缓坡山地建设的研究多集中在山地城镇规划、山地建筑设计、山地建设适宜性评价、山地建设与生态保护、山地灾害防治等方面，土地建设开发成本和用地效率的研究多以坝区为主，而山地建设开发与坝区有着显著的差异性。我国山地建设开发的规模不断扩大，尽快开展此方面的研究将有助于山地建设开发的科学化、合理化，能够有效提高山地建设开发土地利用水平，缓解山地开发建设成本过高等困局。

第五节　云南省低丘缓坡典型项目区调研情况

为了做好研究工作，课题组开展了低丘缓坡山地开发典型项目区的实地调研工作，对 12 个州（市）的 35 个县（市、区）共计 79 个项目区进行了调查，由于有些项目区没有得到云南省国土资源厅的批复，实际走访项目区为 63 个，项目区涵盖了工业建设、城镇建设、旅游开发和综合开发等不同的建设开发类型。63 个项目区的总规划规模达到 40857.31 公顷；规划新增建设用地 20631.98 公顷，其中新增城乡建设用地 16502.02 公顷，新增交通水利用地 2729.09 公顷，新增其他建设用地 1400.87 公顷；规划项目区建设占用耕地面积 6848.39 公顷，占新增建设用地总面积的 33.19%，预计总投资达到 1015.83 亿元。项目区的建设类型、规划规模、投资规模、占耕地比例等情况如图 1-1、图 1-2、图 1-3、图 1-4 和图 1-5 所示。

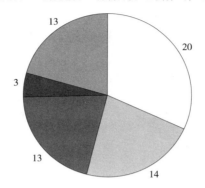

□ 工业建设　□ 城镇建设　■ 旅游开发　■ 贸易口岸　■ 综合开发

图 1-1　不同建设类型项目区数量

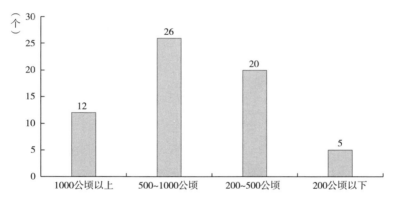

图 1-2　不同规划规模等级项目区数量

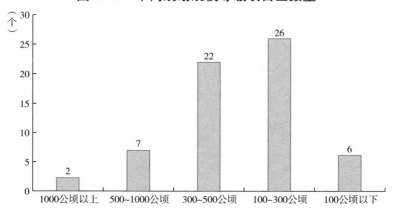

图 1-3　不同新增建设用地规模等级项目区数量

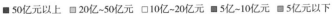

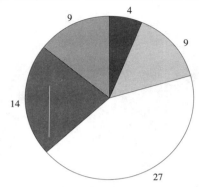

图1-4 不同投资规模等级项目区数量

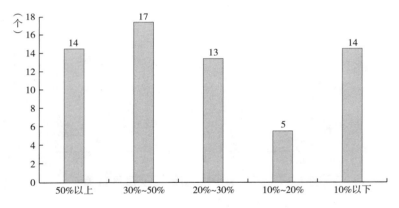

图1-5 不同占耕地比例等级项目区数量

同时，对云南省 14 个州（市），共计 45 个县（市、区）的 57 个低丘缓坡典型项目区（工业建设项目 34 个、旅游开发项目 3 个、城镇建设项目 9 个、综合开发项目 11 个）进行了函调。

第二章　云南省低丘缓坡土地资源概况

第一节　云南省低丘缓坡土地利用现状

　　将 2009 年云南省第二次全国土地调查统一时点变更数据库与坡度图叠加，提取云南省范围内坡度 8°～25°区域面积，全省共有理论低丘缓坡土地资源 2171.9 万公顷，剔除零星图斑后低丘缓坡土地资源合计 1813.3 万公顷，占全省土地面积的 47.3%。其中，农用地面积为 1618.0 万公顷，占全省低丘缓坡土地面积的 89.2%，占全省农用地面积的 49.0%，农用地中耕地为 280.7 万公顷，占全省低丘缓坡土地面积的 15.5%，占全省耕地面积的 45.0%；园地为 98.6 万公顷，占全省低丘缓坡土地面积的 5.4%，占全省园地面积的 60.0%；林地为 1217.0 万公顷，占全省低丘缓坡土地面积的 67.1%，占全省林地面积的 52.8%；草地和其他农用地为 21.7 万公顷。建设用地面积为 25.1 万公顷，占全省低丘缓坡土地面积的 1.4%，占全省建设用地面积的 27.0%；其他土地面积为 170.2 万公顷，占全省低丘缓坡土地面积的 9.4%，占全省其他土地面积的 39.2% 。

一 8°~15°低丘缓坡土地资源现状

8°~15°低丘缓坡土地面积为 544.5 万公顷，占低丘缓坡土地资源 30.0% ，占全省土地面积的 14.2% ，其中，农用地面积为 478.9 万公顷，占 8°~15°低丘缓坡土地面积的 88.0% ，占全省低丘缓坡土地面积的 26.4% ，在农用地中，耕地为 105.2 万公顷，园地为 33.5 万公顷，林地为 328.5 万公顷，草地和其他农用地为 11.7 万公顷，分别占 8°~15°低丘缓坡农用地面积的 22.0% 、7.0% 、68.6% 和 2.4% ；建设用地为 11.0 万公顷，占 8°~15°低丘缓坡土地面积的 2.0% ，占全省低丘缓坡土地面积的 0.6% ；其他土地为 54.6 万公顷，占 8°~15°低丘缓坡土地面积的 10.0% ，占全省低丘缓坡土地面积的 3.0% 。

二 15°~25°低丘缓坡土地资源现状

15°~25°低丘缓坡土地面积为 1268.9 万公顷，占低丘缓坡土地资源 70.0% ，占全省土地面积的 33.1% ，其中，农用地面积为 1139.2 万公顷，占 15°~25°低丘缓坡土地面积的 89.8% ，占全省低丘缓坡土地面积的 62.8% ，在农用地中，耕地为 175.5 万公顷，园地为 65.1 万公顷，林地为 888.5 万公顷，草地和其他农用地为 10.1 万公顷，分别占 15°~25°低丘缓坡农用地面积的 15.4% 、5.7% 、78.0% 和 0.9% ；建设用地为 14.1 万公顷，占 15°~25°低丘缓坡土地面积的 1.1% ，占全省低丘缓坡土地面积的 0.8%；其他土地为 115.6 万公顷，占 15°~25°低丘缓坡土地面积的 9.1%，占全省低丘缓坡土地面积的 6.4%。

三　低丘缓坡土地资源海拔分布情况

全省海拔 500 米以下的低丘缓坡土地面积为 12.4 万公顷，仅占总量的 0.7%，500~1000 米的低丘缓坡土地面积为 146.7 万公顷，占总量的 8.1%，1000~1500 米的低丘缓坡土地面积为 423.3 万公顷，占总量的 23.3%，1500~2000 米的低丘缓坡土地面积为 621.7 万公顷，占总量的 34.3%，2000~2500 米的低丘缓坡土地面积为 609.2 万公顷，占总量的 33.6%，全省近 70.0% 的低丘缓坡土地资源集中在海拔 1500~2500 米的区域。

第二节　云南省低丘缓坡土地利用布局

一　低丘缓坡土地利用布局总体情况

全省低丘缓坡土地资源数量较大，在全省 16 个州（市）都有分布，除怒江州和迪庆州地处高海拔地区，低丘缓坡土地资源数量相对较少外，其他州（市）低丘缓坡土地资源总量都在 60.0 万公顷以上，低丘缓坡土地资源总量在 100.0 万公顷以上的州（市）就有普洱市等 8 个，占到全省州（市）总量的一半。8°~15°低丘缓坡土地面积较大的州（市）主要有曲靖市、普洱市、文山州、楚雄州和西双版纳州，面积都在 40.0 万公顷以上；15°~25°低丘缓坡土地面积较大的州（市）主要有普洱市、临沧市、文山州、楚雄州、红河州和大理州，面积都在 100.0 万公顷左右。同时海拔在 500 米以下的低丘缓坡土地资源主要分布在红河州和文山州；海拔在 500~1500 米的低丘缓坡土地资源主要分布在普洱市、文山州和西双版纳州；海拔在 1500~2500 米的低丘缓坡土地资源主要分布在曲靖市、普洱市、楚雄州和大理州。

二　低丘缓坡农用地布局情况

全省低丘缓坡土地资源以农用地为主，各州（市）农用地面积占低丘缓坡土地面积的比重都在 80.0% 以上，农用地面积在 100.0 万公顷以上的州（市）有曲靖市、普洱市、临沧市、楚雄州、红河州、文山州、西双版纳州和大理州。其中，低丘缓坡的耕地资源主要分布在曲靖市、昭通市、普洱市、临沧市、红河州和文山州，这些州（市）的耕地面积都在 20.0 万公顷以上；林地是全省各州（市）低丘缓坡主要土地利用类型，比例都在 50.0% 以上，主要分布在普洱市、楚雄州、文山州和大理州，面积都在 100.0 万公顷以上；园地主要分布在普洱市、临沧市和西双版纳州，面积都在 10.0 万公顷以上。

三　低丘缓坡建设用地布局情况

全省低丘缓坡土地中建设用地的比例较低，仅昆明市、曲靖市和昭通市低丘缓坡建设用地比例占辖区内低丘缓坡土地面积的2.0%左右，其他州（市）都在1.0%左右，迪庆州最低，仅为0.3%；从低丘缓坡建设用地资源总量来看，昆明市、曲靖市、昭通市、普洱市、楚雄州、红河州和文山州的低丘缓坡建设用地面积相对较大，都在2.0万公顷左右。

四　低丘缓坡其他土地布局情况

全省低丘缓坡土地资源中其他土地占9.4%，主要分布在昆明市、曲靖市、丽江市、楚雄州、红河州、文山州和大理州，面积都在10.0万公顷以上，但多分布在远离城镇的区域，目前建设开发利用的难度较大、成本较高。

第三节　云南省低丘缓坡土地利用主要特点

一　土地资源类型丰富，具有综合开发利用的优势

云南省土地资源受立体气候、海拔高差以及地形等因素的影响，各类建设用地适宜依地势布局、组团发展，耕地适宜种植粮、油、蔗、烟、药材、瓜菜等多种粮食作物和经济作物，园地具有种植水果、茶、橡胶、桑等作物的综合开发优势，林地具有发展各种用材林、防护林、经济林、薪炭林、特种用途林等的综合优势。

二 低丘缓坡土地资源总量较大，但利用类型相对单一

云南省为高原山区省份，高海拔土地和坡地占有较大比重，8°~25°的土地面积约为 1813.3 万公顷，占土地总面积的 47.3%，约是全省大于 1.0 平方公里坝子面积的 7.4 倍，8°~15°的土地面积约是全省大于 1.0 平方公里坝子面积的 2.2 倍，丰富的低丘缓坡土地资源十分适宜梯次开发、立体利用。通过补充调查和适宜性分析评价可知，全省低丘缓坡土地资源中待整理耕地总面积为 175.0 万公顷，通过整理可新增耕地面积 6.4 万公顷；全省待开发的宜耕土地面积为 14.9 万公顷，通过低丘缓坡宜耕土地开发，可新增耕地 11.0 万公顷；全省低丘缓坡区域适宜建设开发的土地总面积为 115.7 万公顷，但从目前利用情况看，主要以林地利用为主，综合开发利用水平有待提高。

三 低丘缓坡土地资源空间分布差异明显

由于全省地形地貌条件复杂，气候类型多样，低丘缓坡土地资源的差异性十分明显。从低丘缓坡土地资源总量来看，普洱市最大，为 265.0 万公顷；怒江州最小，为 19.0 万公顷；两者相差近 13.0 倍。从坡度分级看，曲靖市 8°~15°土地面积较大，普洱市 15°~25°土地面积较大。从低丘缓坡土地利用结构看，全省各县（市、区）林地比重普遍较高，但贡山县与德钦县等部分县（市、区）其他土地所占比例较高，景洪市

与勐腊县等园地所占比例较高，镇雄县与华宁县等耕地占有较高比例。

第四节　云南省低丘缓坡土地建设开发利用潜力

一　全省适宜建设开发的低丘缓坡土地资源潜力

根据各县（市、区）完善规划过程中对低丘缓坡土地建设适宜性评价成果的汇总分析，全省低丘缓坡区域适宜建设开发的土地总面积为 115.7 万公顷。其中，楚雄市、玉溪市及文山州低丘缓坡土地建设开发利用潜力较大，适宜建设开发土地面积分别为 22.6 万公顷、13.5 万公顷、10.5 万公顷，合计占全省低丘缓坡土地适宜建设开发利用总面积的 40.3%；临沧市、迪庆州及怒江州的潜力较小，适宜建设开发土地面积分别为 1.8 万公顷、1.1 万公顷和 0.6 万公顷，合计约占低丘缓坡土地适宜建设开发利用总面积的 3.0%。

二　规划期内可实现的低丘缓坡土地建设开发潜力

全省低丘缓坡区域适宜建设开发的土地总面积为 115.7 万公顷，可供全省进行长期的低丘缓坡建设开发，但在规划期内，从各州（市）社会经济发展水平、建设用地供需矛盾、低丘缓坡建设开发的当前限制条件、开发的成本、资金投入能力、道路通达情况和科技保障手段等方面深入分析，构建相关指标体系，具体测算出规划期内可建设开发利用的低丘缓坡土地资源面积为 37.2 万公顷。其中以滇中地区为重点，其适宜建设开发土地面积为 20.4 万公顷，占总面积的 54.8%，而怒江州和迪庆州在规划期内低丘缓坡建设开发潜力很小，在国家与云南省政府的支持下，可适当安排一定的低丘缓坡土地建设开发规模。

三 规划期内可用于建设开发利用的低丘缓坡土地资源的分布

规划期内可用于建设开发利用的低丘缓坡土地资源多分布在城镇的边缘地区，区位条件相对较好，主要以工业园区建设、城镇建设和旅游项目建设为主，还存在一定规模的对外口岸建设和教育用地建设，此外还有配套的基础设施建设。

第三章 低丘缓坡建设用地开发的特殊性

第一节 低丘缓坡建设用地开发的特点

一 地形地貌特点

低丘缓坡区域由于地形地貌比较复杂，受自然地形影响，开发区域及用地常被自然山体分割成几个区域，各个区域之间联系不够紧密，必须通过合理的交通组织来加强彼此间的联系，这给交通组织和用地建设带来一定的困难。通常，可由坡度大小判断不同地段利用的可能性。根据坡度值的大小，可将地形划分为六种类型，地形坡度的分级标准及与建筑的关系见表3-1。

表3-1　地形坡度分级标准及与建筑的关系

类别	坡度值	建筑场地布置及设计基本特征
平坡地	3%以下	基本上是平地，道路及房屋可自由布置，但须注意排水
缓坡地	3%～10%	建筑区内车道可以纵横自由布置，不需要梯级，建筑群布置不受地形的约束

续表

类别	坡度值	建筑场地布置及设计基本特征
中坡地	10% ~ 25%	建筑区内须设梯级，车道不宜垂直等高线布置，建筑群布置受一定限制
陡坡地	25% ~ 50%	建筑区内车道须与等高线成较小锐角布置，建筑群布置与设计受到较大的限制
急坡地	50% ~ 100%	车道须曲折盘旋而上，梯道须与等高线成斜角布置，建筑设计需做特殊处理
悬崖坡地	100% 以上	车道及梯道布置极困难，修建房屋工程费用大，不适于作建设用地

资源来源：《建筑设计资料集 6》，中国建筑工业出版社，1994[60]。

此外，有坡度变化的地形同平地相比其开发利用的多样性更加丰富。例如可以利用土地的高差进行地下空间的开发，从而提高地块的土地利用率，进而创造更大的经济效益。

二　生态与地质环境特点

1. 低丘缓坡生态环境的复杂性与多样性

低丘缓坡由于自然生态系统的特殊性而形成的地域性差异，使其生态系统结构与功能明显呈现复杂性与多样性的特点，主要表现为空间结构多样性、交通结构多维性、产业结构多样性、文化结构地域性、服务功能多样性和景观结构丰富性等。

2. 低丘缓坡生态系统的脆弱性与敏感性

低丘缓坡的生态系统不是一个"自给自足"的系统，具有生态的脆弱性和敏感性。在低丘缓坡生态系统中，能量与物质依靠外来系统的输入，犹如一个巨人的器官，不断地吸纳各种物质和能量，不停排出各种废物。人们对低丘缓坡开发的程度越高，对自然生态系统的影响越大，对周围环境的依赖性也越大，对生态系统自我调节机能的干扰与影响也越大，从而进一步加剧低丘缓坡生态系统的脆弱性与敏感性。

三　基础设施建设特点

经调查，在某些县（市、区），可建设开发的低丘缓坡区域有一部分与城市建成区相接，但多数情况下，可用于建设开发的低丘缓坡土地资源离中心城区较远，距离在几公里到十几公里不等。由于城市发展的聚集性和基础设施建设的规模效应，大多数的低丘缓坡区域不在城市建成区基础设施的辐射和服务范围内，低丘缓坡开发区域往往成为独立的工业园区或者卫星城。由此可见，低丘缓坡开发区域的道路交通、水、电等相关设施建设都存在与现有建成区连接的问题，基础设施的占地面积和投入的费用都会有一定比例的提高。

第二节　低丘缓坡建设用地开发基础设施刚性用地

一　基础设施用地的一般要求

根据城市规划相关规范，一般性城市基础设施建设包括水、电、路的配套，绿地安排的要求，等等。

1. 道路

道路规划应以交通流畅、快速安全、体系完整为原则，不仅要保证客、货车流和人流的安全，而且要为地上、地下工程管线及其他基础设施提供空间，更要符合城市的历史传统和文化风貌。在低丘缓坡区域，道路布置要利用自然地形，纵坡不宜过大，采用环绕山丘、平行盘旋或树枝尽端形式。

城市道路分为快速路、主干路、次干路和支路四类，相关规定有以下几点。①城市道路用地面积应占建设用地面积的 8% ~ 15%，规划人口在 200 万以上的大城市，宜为 15% ~ 20%。②城市人均占有道路面积宜为 7 ~ 15 平方米，其中，人均道路用地面积宜为 6 ~ 13.5 平方米，人均广场面积宜为 0.2 ~ 0.5 平方米，人均公共停车场面积宜为 0.8 ~ 1.0 平方米。

道路网规划应适应城市用地的扩展，有利于向机动化和快速交通的方向发展。①在市中心规划的公共交通线路网密度（公共交通线路网密度指每平方公里城市用地面积上有公共交通线路经过的道路中心线长度）应为 3 ~ 4km/km^2，在城市边缘地区应为 2 ~ 2.5km/km^2。②一般大城市主干路道路宽度应为 40 ~ 45 米，次干路宽度应为 30 ~ 45 米，对于规划人口在 200 万以上的大城市，主干路道路宽度应为 45 ~ 55 米，次干路宽度应为 40 ~ 50 米。

2. 给排水

城市用水一般分为两部分：一是规划期内由城市给水工程统一供给的居民生活用水、工业用水、公共设施用水及其他用水量的总和；二是城市给水工程统一供给以外的所有用水量的总和，包括工业和公共设施自备水源供给的用水、河湖环境用水和航道用水、农业灌溉和养殖及畜牧业用水、农村居民和乡镇企业用水等。

自来水厂分为地表水水厂和地下水水厂，其用地规模由水厂的给水标准确定。①建设规模为 $5 \sim 10m^3/d$ 的，地表水水厂用地指标为 $0.7 \sim 0.5m^2 \cdot d/m^3$，地下水水厂为 $0.4 \sim 0.3m^2 \cdot d/m^3$。②建设规模为 $10 \sim 30m^3/d$ 的，地表水水厂用地指标为 $0.5 \sim 0.3m^2 \cdot d/m^3$，地下水水厂为 $0.3 \sim 0.2m^2 \cdot d/m^3$。③建设规模为 $30 \sim 50m^3/d$ 的，地表水水厂用地指标为 $0.3 \sim 0.1m^2 \cdot d/m^3$，地下水水厂为 $0.2 \sim 0.08m^2 \cdot d/m^3$。另外，水厂厂区周围应设置宽度不小于 10 米的绿化带。

城市一般采用管道或暗渠输送水源，当配水系统中需要添加加压泵时，其位置应靠近用水集中地区，泵站用地指标如下。①建设规模为 $5 \sim 10m^3/d$，用地指标为 $0.25 \sim 0.20m^2 \cdot d/m^3$。②建设规模为 $10 \sim 30m^3/d$，用地指标为 $0.20 \sim 0.10m^2 \cdot d/m^3$。③建设规模为 $30 \sim 50m^3/d$，用地指标为 $0.10 \sim 0.03m^2 \cdot d/m^3$。另外，泵站周围应设置宽度不小于 10 米的绿化带，并宜与城市绿化带相结合。

城市排水系统应根据城市规划和城市地形，按照就近分散、自留排放的原则进行系统布局，包括排水管渠、排水泵站的用地布局等。其中，排水泵站包括雨水泵站和污水泵站，用地指标如下。①雨水泵站中，雨水流量为 20000L/s 以上，用地指标为 $0.4 \sim 0.6 m^2 \cdot s/L$；雨水流量为 $10000 \sim 20000L/s$，用地指标为 $0.5 \sim 0.7 m^2 \cdot s/L$；雨水流量为 $5000 \sim 10000L/s$，用地指标为 $0.6 \sim 0.8 m^2 \cdot s/L$；雨水流量为 $100 \sim 5000L/s$，用地指标为 $0.8 \sim 1.1 m^2 \cdot s/L$。②污水泵站中，污水流量为 $2000L/s$ 以上，用地指标为 $1.5 \sim 3.0 m^2 \cdot s/L$；污水流量为 $1000 \sim 2000L/s$，用地指标为 $2.0 \sim 4.0 m^2 \cdot s/L$；污水流量为 $300 \sim 600L/s$，用地指标为 $2.5 \sim 5.0 m^2 \cdot s/L$；污水流量为 $100 \sim 300L/s$，用地指标为 $4.0 \sim 7.0 m^2 \cdot s/L$。也就是说，排水量越大，单位流量的用地指标越小。

城市地面排水坡度值不宜小于 0.2%，小于 0.2% 时宜采用多坡向或特殊措施排水；地块的规划高程应比周边道路的最低路段高程高出 0.2 米以上；用地的规划高程应高于多年平均地下水位。

3. 工程管线

在工程管线的用地中，平原地区宜避开土质松软地区、地震断裂带、沉陷区以及地下水位较高的不利地带；山区城市应结合自身地形特点，避开滑坡危险地带和洪峰口。

4. 城市供电

城市供电用地主要为城市供电电源用地。城市供电电源可分为城市发电厂和接受市域外电力系统电能的电源变电所两类。城市发电厂选址宜为三类工业用地，要有良好的交通条件；电源变电所应布置在城市边缘或郊区、县。其中，电源变电所的用地面积有较明确的指标。①变压等级为 35～110kV 的变电所中，一种是一次电压为 110kV 的变电所，全户外式用地面积为 3500～5500 平方米，半户外式为 1500～3000 平方米，户内式为 800～1500 平方米；另一种是一次电压为 35kV 的变电所，全户外式用地面积为 2000～3500 平方米，半户外式为 1000～2000 平方米，户内式为 500～1000 平方米。②变压等级为 220～500kV 变电所中，分为七种情况，这里只举两种情况简要说明：一次电压为 500kV 的变电所采用户外式结构，用地面积为 90000～110000 平方米；一次电压为 330kV、二次电压为 220kV 的变电所采取户外式结构，用地面积为 45000～55000 平方米。

5. 城市绿地

城市绿地主要包括道路绿化带和城市绿化带等。城市道路主干路（宽度 >50 米）绿地率不低于 30%，一般道路（宽度 < 40 米）绿地率不低于 20%，园林景观绿地率不低于 40%（《城市道路设计规范》中规定道路绿地率为 15%～30%，这里计算方法不同，将行道树绿带按 1.5 米宽度统计在绿化带中）。城市新建区绿地率不低于 30%，旧城改造区不低于 25%。

二 低丘缓坡建设用地开发的基础设施占地

低丘缓坡建设用地由于地形条件的限制，其水、电、路等各类基础设施用地指标与平原地区有一定差异。

1. 国家级相关规范

《城市道路交通规划设计规范》对山区城市道路设计做出了以下规定。①道路网应平行于等高线设置，并考虑防洪要求，主干路应设在谷地或坡面上，双向交通的道路分别设置在不同的标高上。②地形高差特别大的地区，宜设置人、车分开的两套道路系统。③山区城市道路网密度宜大于平原城市，一般城市主干路路网密度为 1.2km/km^2 以上，次干路为 1.4km/km^2 以上，支路为 4km/km^2 以上，其中商业集聚中心支路网密度为 10～12km/km^2。④道路网节点上相交道路条数宜为 4 条，不得超过 5 条，道路宜垂直相交，最小夹角不得小于 45°。

2. 几个典型山地城市的用地指标

重庆市是典型的山地城市，市域面积为 8.2 万平方公里，城镇建设总用地面积为 865 平方公里，人均城镇建设用地面积为 93 平方米，根据《重庆市城市交通规划及路线设计规范》，重庆市道路用地指标有以下几个要求。①重庆市市域中心城市、次区域中心城市公共交通线路网密度为 2.0～2.5km/km^2。②重庆市道路用地面积占城市用地面积比例：市域中心城市、区域中心城市为 15%～20%，次区域中心城市为 10%～15%，建制镇为 8%～15%。③城市道路网平行于等高线，主干路设在谷地或坡面上，城市道路网的密度应大于平原城市，市中心支路网密度为 12～18km/km^2，一般商业区为 10～12km/km^2。④道路宽度：主干路道路红线（道路红线指规划道路的路幅边界线）宽度为 32～42 米，次干路为 20～36

米，支路为 9 ~ 26 米，道路绿化带宽度为红线宽度的 15% ~ 20%。另外，2011 年重庆市公共绿地面积为 118.1 平方公里，人均公共绿地面积为 17 平方米，人均道路面积为 10 平方米，道路总面积为 13934 万平方米，人均住宅建筑面积为 32.6 平方米。

兰州市是甘肃省省会，也是我国重要的重化工业基地和西北地区主要的商贸集散中心，地形属于中低山地。兰州市市域行政区面积为 13085.6 平方公里，城市建设用地面积约为 250 平方公里，城市人均建设用地面积为 91 平方米。到 2020 年，兰州市规划绿地面积为 40.3 平方公里，占城市建设用地的比例为 16.1%，规划公共绿地面积为 27.2 平方公里，人均公共绿地面积为 9.9 平方米。

通过对比平原城市和几个典型山地城市建设的用地指标，我们可以得出以下结论。

城市建设的交通道路方面。①平原城市市中心公共交通线路网密度大于山地城市，平原城市市中心公共交通线路网密度应为 3 ~ 4km/km²，山地城市重庆市市中心公共交通线路网密度为 2.0 ~ 2.5km/km²，即平原城市每平方公里城市用地面积上公共交通线路经过的道路中心线长度大于山地城市。②平原城市主干路道路宽度应为 40 ~ 45 米，次干路宽度应为 30 ~ 45 米，山地城市重庆主干路道路红线宽度为 32 ~ 42 米，次干路为 20 ~ 36 米，即平原城市道路宽度大于山地城市。③平原城市道路用地面积宜为 6 ~ 13.5 平方米/人，重庆市道路用地面积为 10 平方米/人。

水力、电力设施用地方面。目前关于山地城市排水管道的研究还相对较少，大多都是从山地城市地形、地质特点出发，总结出排水管道系统的特点，可归纳为以下三个方面。①由于地形的起伏变化，管道敷设方式多种多样。其中管道架空敷设是一大特点，埋地敷设的排水管道中部分管道埋深很大。②地质条件变化较大，特别是在土地整治平场工程中，"大挖大填"现象十分普遍，所造成的场地地质条件的变化对排水管道的纵向稳定相当不利，易发生不均匀沉降。③城市道路纵向坡度较大，排水管道系统上、下游有很大落差，其中水流的垂直跌落是一大特点。

根据其特点总结出山地排水管道的设计要点，可归纳为以下几点。①管道的敷设方式包括埋地敷设、半埋地敷设、架空敷设。②管道的坡度与流速密切相关，如果道路坡度过大，参照道路坡度确定的管道纵坡偏大，以至流速大大超过最大设计流速；最大设计流速是一个很重要的控制参数，它直接影响管道断面的大小和消能措施的设置，从而影响工程造价。③不同的管道材料，其粗糙系数值也是不同的。在管径、坡度等条件相同的情况下，内壁较光滑的管道水流速度较大，因而具有较大的通水能力；当设计流量一定时，采用阻力较小的光滑管道，可以利用流速适当减小管道断面，节省工程造价；管道材料的选择，是从管材选择与不均匀沉降处理、管材选择与系统的抗冲刷能力和管材选择与工程造价方面进行研究。④在山地城市排水工程设计中，综合水力学理论，水工领域工程实践，重庆市排水系统的设计、施工、运行经验，总结出了一些行之有效的落差处理方法。对于跌落型落差构筑物，主要用跌水井、竖管式跌落管和格栅式消能池方法解决。斜坡型落差是用阶梯式（跌坎）、斜槽（急流槽、滑槽）、斜管式和多级格栅式消能池等四种方法处理。

第三节　低丘缓坡建设用地开发与坝区的差异

低丘缓坡建设用地开发与坝区建设用地开发相比较，差异性主要体现在以下三个方面。

一　宏观规划方面——空间布局及基础设施规模效应的差异性

1. 坝区

坝区由于是平原地形，有条件进行集中连片开发的面积较大，在开发的过程中，可以选择连片开发模式，提高基础设施的规模效应，所以土地利用率较高（见图 3–1）。

2. 低丘缓坡区

低丘缓坡地区由于所处的地理位置、海拔高度、地形坡度、气候、降水等条件的差异，区域规划遵循"紧凑集中与有机分散""多中心、多组团结构""绿地楔入"等原则，区域发展的空间结构和规模也多种多样。

"一园多片"的发展模式是低丘缓坡建设中常见的一种空间发展模式，主要指城市发展围绕一个经济中心，形成树枝状

图 3 - 1　坝区连片开发模式

的发展结构。这种发展模式一般是由山体、冲沟、水系等自然条件决定，城市或工业生产基地布局在冲沟或山谷之间的槽地或高地上，道路、交通等市政基础设施沿沟谷布置，从而形成了由一个中心向周围有规律扩散的发展模式（见图 3 - 2），如湖北省十堰市、广西省梧州市等。

"带状"发展模式受地形或自然地貌条件所限，开发建设用地沿丘陵、山谷或江河延伸呈"带状"分布，形成"带状"长条空间结构（见图 3 - 3）。"带状"结构一般可分为单中心和多中心两种：单中心"带状"结构一般只有一个城市发展中心，城市发展的交通方向性很明显，适合规模较小、空间结构单一的区域，例如重庆市石柱县、湖南省吉首市等；多中心"带状"结构是由单中心城市规模进一步扩大、社会经济条件进一步发展、单中心"带状"向多中心"带状"沿河谷的一侧或两侧发展而形成的，如甘肃省兰州市、重庆市万州区等。

"点群式"发展模式是工业、住宅以点为城市中心区进行

建设，形成集中紧凑的空间布局（见图3-4）。这种布局可以
有效地组织建设区域的生产和生活、节约建设用地、减少建设
投资和运营费用，所以很适合城市发展的初期阶段。这种结构
一般适合地形起伏、山水相间的丘陵或山区河谷地带，如四川
省宜宾市、云南省丽江市等。

"飞地式"发展模式主要是由于地区发展受到某些因素如地
形的较大限制，工业区距离城市中心较远，从而将城市分为不
同的组团，城市功能区的主要空间发展方向性明显（见图3-
5），例如湖南省株洲市、四川省仁寿县等。

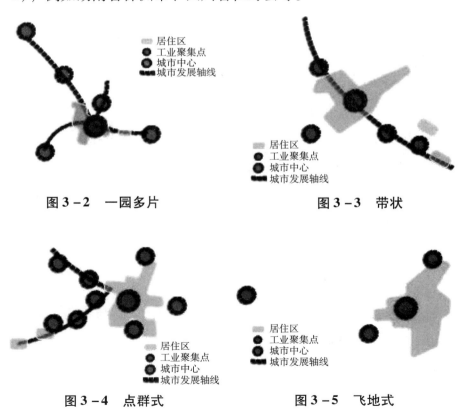

图3-2 一园多片   图3-3 带状

图3-4 点群式   图3-5 飞地式

二 微观工程建设方面——台地建设及各单项基础设施用地差异

山地地形高低不平、崎岖坎坷，与平原地带一马平川相比，在各项工程建设方面都会有差异。

1. 台地建设

由于低丘缓坡区域地形比较复杂，地块坡度差别较大，场地竖向规划应采取平坡式和台地式相结合的方式。其中，场地坡度不大的用地主要采取平坡式，用地布局上主要考虑建筑尺度比较大的企业，如传统的重工业企业一般布局在平坡式用地上；地形坡度大的用地竖向上采取台地式，用地布局上主要是企业厂房依势而建，既可以集约利用土地，又能减少对山地工业园区自然生态环境破坏，创建独具特色的山地工业园。

2. 道路建设

与平地交通不同，要实现山地之间的交通联系，除了要考虑水平位移以外，还需特别考虑在竖直方向上的位移，使山地交通呈现出立体化的特点。不同山体坡度的道路形式如图 3 - 6 所示。

3. 其他单项基础设施

护坡是由山地地形变化使建筑与建筑、建筑与道路或户外环境之间出现高差而形成的，其坡脚与坡顶之间应建设柔软的坡面，并用草坪或灌木、乔木加以绿化处理，以形成优美的室外环境。

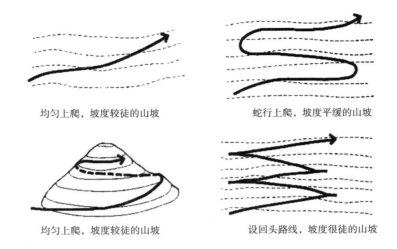

均匀上爬，坡度较陡的山坡　　　　　　　蛇行上爬，坡度平缓的山坡

均匀上爬，坡度较陡的山坡　　　　　　　设回头路线，坡度很陡的山坡

图 3 - 6　道路形式与山体坡度

　　挡墙是用以承受坡地地表的侧压力而设置的墙式构筑物，是山地建设中常见的室外工程。挡墙按其特点可以分为重力式挡墙、锚固式挡墙、垛式挡墙等不同构造类型。挡墙的设置较护坡来说减少了山地坡顶与坡脚的距离，节约了用地，大大提高了土地利用率。

　　截洪沟是为防止雨水冲刷而在山岭、挡墙或护坡坡脚与道路之间设置的排洪沟。截洪沟主要有石砌或混凝土铺装式两种，其断面大小视山体或护坡集水面积而定。

　　与平原相比，山地区域建设场地整备、道路车行与步行交通系统、地面排水与各类工程管网的平面位置与高程的确定，都要因地制宜，最终选择合理、安全、可行的方案。

三 区域生态防护用地方面——生态保护及地质灾害防治压力的差异

由于山地地形条件特殊，山地地区的生态敏感性较平原地区来说更高，其对于生态环境保护的需求也更为迫切，然而凡是进行人工开发建设，都会对生态环境造成一定的影响。因此开发建设活动对山地地区的生态环境的影响较平原地区来说更大，于是开发建设活动与生态环境保护之间的矛盾也就比较多。山地生态环境的敏感性要求在对其用地进行开发建设的过程中，要谨慎动土、保护植被、精良合理利用原有的地形地貌，以保证生态环境的可持续发展。

第四章　低丘缓坡山地开发土地利用率与成本影响因素分析

第一节　地形地貌因素

地貌是指地球的表面形态，是土地这一地球表层自然客体的重要组成部分，是城市形成和发展的自然基础，对城市的结构、形态、功能、景观有非常重要的影响[61]。区域的地貌格局、地貌类型、河流、新构造运动和地震等地貌条件与城镇的形成和发展也有很大的相关关系[62]。从建设用地开发的宏观角度看，地形影响建设项目的选址、建设用地结构和空间布局，而城市市政工程又因城市用地结构、空间布局的差异而表现出不同特征。

一　高程的影响

高程对农业用地的影响，首先表现在气温上，随着海拔上升，积温减少，生长期和活跃生长期的时间缩短。其次，由于海拔上升，气温降低，降水发生变化。从山麓到山顶，由于水热条件的变化，不同区域形成相应气候条件下的植被、土壤和水文状况，以及与之相适应的用地类型、作物组合、耕作制度、复种条件。例如在三峡库区内，高程 800 米以下一般为农业区，耕地大多集中在这个区的河谷阶地、低丘、台地、岩溶槽谷和洼地中；800～1500 米为农林交错区，1500～2100 米为林牧交错区，2100 米以上则是牧林交错区[63]。最后，高程还直接影响人类开发活动的难易程度。一般而言，在同一区域，随着海拔的升高，人类对自然条件改造的成本就越大，因此，建设用地往往都是集中分布在低海拔地区。

二 地形坡度对建设开发的制约

地形坡度影响给排水走向、防洪布置、道路走向、竖向规划布置以及建筑布局等。各种地形的土地利用都有与之相对应的适宜坡度值（见表 4-1）。一般来说，各种建筑布置及各类建设都以较为平坦的基底为宜，这样有利于各种管线的敷设，同时开发投入成本也相对较低。因此，复杂的地形在建设时就必定产生一定量的土石方工程，不同坡度值用地的土石方工程量变化规律如图 4-1 所示。一般来讲，城市用地的理想坡度值是 2%～3%，坡度太小，不利于场地排水；坡度过大，建筑和道路交通的布置将受到限制，还会影响建设及利用的经济性。

表 4-1 城市主要建设用地适宜规划坡度值

单位:%

用地名称	最小坡度值	最大坡度值
工业用地	0.2	10

续表

用地名称	最小坡度值	最大坡度值
仓储用地	0.2	10
铁路用地	0	2
港口用地	0.2	5
城市道路用地	0.2	8
居住用地	0.2	25
公共设施用地	0.2	20
其他	—	—

资料来源:《城市用地竖向规划规范》（CJJ83 – 99）。

在城市建设中，不同的建筑物对地形坡度有不同的要求，而不同的地形坡度可以适应不同的建设活动，从而形成不同的土地利用空间结构。表 4 – 2 大致可以说明不同地形坡度对城市建设活动和土地利用情况的影响。

表 4 – 2　不同地形坡度对城市建设影响

地形坡度	土地利用	建筑形态	活动类型	道路设施	车速（km/h）		水土保持
					一般汽车	货车、公共汽车	
5°以下	适宜于各种土地利用	适宜于各种建筑形态，但需注意排水	适宜于各种大型活动	适宜于各种道路	60 以上	50 ~ 70	不需要
5° ~ 10°	只适宜于小规模建设	适宜于各种建筑和高级住宅，建筑群受一定限制	只适宜于非正式活动	适宜于建设主要与次要道路	25 ~ 60	25 ~ 50	不需要

续表

地形坡度	土地利用	建筑形态	活动类型	道路设施	车速（km/h）		水土保持
					一般汽车	货车、公共汽车	
10°~15°	不适宜大规模建设	适宜高级住宅建筑，区内需要阶梯	只适宜自由活动或山地活动	可建设小段坡道、车道，不宜与等高线垂直	不适宜	不适宜	需要
15°~45°	不适宜大规模建设	只适宜梯式住宅和高级住宅，建筑布置设计受较大限制	不适宜活动	不适宜	不适宜	不适宜	需要，应有植被或草被保护

资料来源：吴正主编《地貌学导论》，广东高等教育出版社，1999。

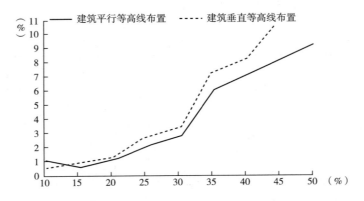

图4-1　不同坡度值用地上土石方工程量的变化规律

资料来源：《山地城镇规划设计理论与实践》，中国建筑工业出版社，2012。

　　一般来说，超过一定坡度的地形，在城市中往往被视为不太适宜于建设的用地。所以坡度较大和切割较破碎的地段

（块），在城市建设中被视为复杂地形。针对坡度较大且被视为复杂地形的地段，首先要考虑的是其建设费用比平缓地段高，城市规划中的各种内部空间结构处理也较复杂。在进行城市规划时依据用地的地形高差和干道网的平均坡度，并把这两项指标值具体地结合起来，就可将地形的复杂程度划分为三个等级。①不太复杂的地形和起伏较小的丘陵地（平均坡度值小于5%，其高差为20~100米），主要对城市功能分区划分和某些街道与道路定线的选择具有影响。②较为复杂的地形以及起伏较大的丘陵地（平均坡度值大于5%，其高差小于200米），除影响城市结构划分外，对交通线路和人行交通系统以及公共中心体系具有影响。在这两个类型区域的土地开发中，其土地一级开发成本较低，开发后的土地利用率也比较高。③十分复杂的地形以及山地地区（平均坡度值大于5%，其高差超过200米）对城市形态及内部结构的形成具有决定性的作用，其作用包括影响城市用地发展方向的选择及功能分区的划分。这种十分复杂的地形，由于高差和坡度值均较大，对城市建设的影响是重大的，经常会造成城市市区的分割。其土地一级开发中，为了改善土地利用条件所进行的场地平整、基础设施配套及环境治理、灾害防治等费用会较高，这使得土地开发总成本增加。此外，通常可由坡度值大小判断出不同地段的利用可能性。根据坡度值的大小，可将地形划分为六种类型，地形坡度的分级标准及与建筑的关系见表4-3。

表 4 - 3　地形坡度分级标准及与建筑的关系

类别	坡度值	建筑场地布置及设计基本特征
平坡地	3%以下	基本上是平地，道路及房屋可自由布置，但须注意排水
缓坡地	3%～10%	建筑区内车道可以纵横自由布置，不需要梯级，建筑群布置不受地形的约束
中坡地	10%～25%	建筑区内须设梯级，车道不宜垂直等高线布置，建筑群布置受一定限制
陡坡地	25%～50%	建筑区内车道须与等高线成较小锐角布置，建筑群布置与设计受到较大的限制
急坡地	50%～100%	车道须曲折盘旋而上，梯道须与等高线成斜角布置，建筑设计需做特殊处理
悬崖坡地	100%以上	车道及梯道布置极困难，修建房屋工程费用大，不适于作建设用地

资料来源：徐思淑、徐坚编著《山地城镇规划设计理论与实践》，中国建筑工业出版社，2012。

有坡度变化的地形同平地相比其开发利用的多样性更加丰富。例如可以利用土地的高差进行地下空间的开发，从而提高地块的土地利用率，进而创造更大的经济效益。

三　地形对道路的影响

道路作为土地开发主要配套设施之一，其建设成本对土地开发成本的高低有重要影响。在山地地区，其地形的特点表现为：在短距离内相对高差可以是很大的，坡度均较陡峭，流水湍急，地形错综复杂。这种地形区段的线路，一般都显得弯多坡陡、起伏频繁，土石方工程和各种防护工程量都很大，加之地质和气候条件也比较复杂。因此，路基和边坡的稳定以及行车安全等都会受到很大影响。在山地地区，善于利用地形布线是做好山区选线的关键。道路的布置及构造做法一般分为道路垂直等高线、斜切等高线、平行等高线，其布置分为以下几种形式。①环状布置，道路沿山丘或凹地环绕等高线布置，形成闭合或不闭合的环状系统（见图4-2）。②尽端式布置，道路结合地形，沿山脊、山谷（沟）或较平缓地段布置，尽端道路呈枝状或扇形，布置较灵活，可较好地适应地形起伏变化（见图4-3）。③盘旋延长线路布置，地形高差较大时，可将道路盘旋布置，

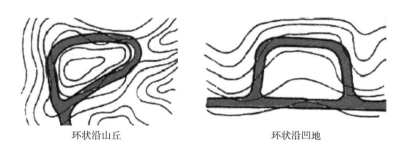

环状沿山丘　　　　　　　　　环状沿凹地

图4-2　道路环状布置示意

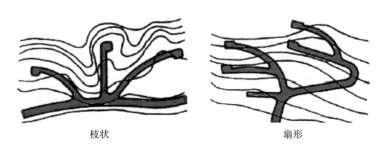

枝状　　　　　　　　　扇形

图4-3　道路尽端式布置示意

形成盘山形路，或与等高线斜交布置，即之字形路（见图4－4）。④道路截面形式，通常情况下，山地道路的截面有路堤、路堑和半挖半填等几种方式，在某些情况下还可以局部采用架空、局部悬挑或隧道等方式（见图4－5）。

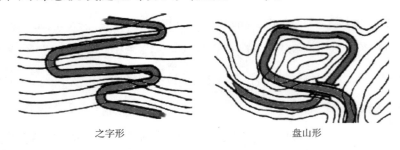

之字形　　　　　　　　盘山形

图4－4　道路盘旋延长线路布置示意

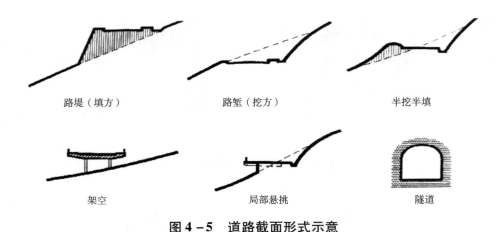

路堤（填方）　　　　路堑（挖方）　　　　半挖半填

架空　　　　　　　局部悬挑　　　　　　隧道

图4－5　道路截面形式示意

从总体上说，在山地地区，地形对选线往往起着极大的控制作用。其中，地形坡度对选线具有特殊重要性。地形坡度是影响道路平面的控制因素。道路曲线长度与坡度关系如表4－4所示。

表 4 – 4　道路曲线长度与坡度关系

地形平均坡度　　道路平均坡度　道路延长倍数	5°	10°	20°	30°	40°	50°
4°（5°最大）	1.3	2.5	5.0	7.5	10.0	12.5
6°（8°最大）	1.0	1.7	3.3	5.0	6.7	8.3
8°（10°最大）	1.0	1.3	2.5	2.8	5.0	6.8

　　资料来源：徐思淑、徐坚编著《山地城镇规划设计理论与实践》，中国建筑工业出版社，2012。

　　山地建筑的道路会比平地项目投入高，主要表现在以下几个方面。①道路的坡度会增加道路的长度，增加道路工程量。②山地道路建筑中存在大量的挖填土方工程，而且施工时可能会碰到比较硬的岩石、风化石等，会增加成本。③在山地道路建筑中很多地方要使用挡土墙，特别是碰到局部悬挑、架空或隧道等道路形式时，会大大增加道路成本。

　　在山地建筑的道路建设中，应注意就地取材，土质较好的泥土可用作垫层，岩石可用于砌筑护坡、挡土墙等，从而减少土方外运、购置材料的费用，达到降低成本的目的。

四　地形对管道工程影响

　　山地建筑由于受山地地形、山位、坡地和建筑排布的影响，工程管网（包括给水管线、排水管线、电气管线等）不能取直施工，造成各种管道的工程量大量增加，对管道、设备的要求也变得复杂，如给水工程的水压问题，较大的小区要根据建筑的间距、标高情况进行分区供水，水压不够的要进行分区加压，增加增压设备；排水工程既要利用自然地形的天然排水沟进行排水，又要注意坡度太陡、水流流速太大对管线造成的冲蚀；有时为了保护山体植被不被管网工程破坏，需要将设备管线相对集中设置。以上种种情况，均会增加成本。为合理降低成本，管网工程建设应充分结合山地建筑的条件，科学进行设计，如分区供水，利用天然沟渠河道进行排水，利用地形高差将朝向不好、通风不好的半地下室作为设备用房等。

第二节　项目区区位条件

低丘缓坡项目区的区位条件对提高项目区开发建设的土地利用率和控制开发成本十分重要，直接决定了项目区交通、供水、供电等基础设施的可通达性。从云南省低丘缓坡项目区实地调研情况来看，一方面，区位条件较好的项目区，基础设施用地比例相对较低，另一方面，区位条件较好的项目区，基础设施费用支出占到开发成本总额的38.0%左右，但区位条件相对较差的项目区占比超过了50.0%，可见项目区良好的区位条件是有效提高土地利用率和控制其开发成本的重要因素之一。

第三节　空间开发模式影响

现有山地建设开发布局模式，可以简要地归纳为坡地模式、台地模式、开山平谷模式。在不考虑其他因素差异情况下，三种模式的在土地开发时的成本差异主要受开发中的土石方工程量影响。

一　坡地模式

利用坡地，通过小规模平整土地，依山就势进行建设，可减少土地开发中的土石方工程量，降低土地开发的成本。坡地模式如图 4 - 6 所示。

图 4 - 6　坡地模式示意

二　台地模式

在台地临山面通过平整工程，获得相对平整的用地，这种用地与道路和既有用地协调性好，但可开发规模较小，继续开发受影响。这一类型开发方式工程量较坡地模式大，土地开发成本有所上升。台地模式如图 4 - 7 所示。

图 4 - 7　台地模式示意

三 开山平谷模式

在丘陵地带的谷底与山顶之间选择适当的高程为基准地平面，开山填谷，能获得较大规模的平整土地，但是对生态景观和自然地形影响较大。这一模式工程量较大，生态保护、景观维护费用较高，总成本较高。开山平谷模式如图4-8所示。

图4-8 开山平谷模式示意

在不考虑地质环境、生态环境差异情况下，开发同等面积的用地，这三种类型开发模式成本按从大到小的顺序排列：开山平谷模式 > 台地模式 > 坡地模式。不同坡度用地条件下土石方工程量比较如表4-5所示。

表4-5 不同坡度用地条件下土石方工程量比较

用地条件 项目名称	平地	5°~10°	10°~15°	15°~20°
每公顷土石方工程量（m^3）	2000~4000	4000~6000	6000~8000	8000~10000
建筑物占地面积上的土石方工程量（m^3/m^2）	2~4	3~4	4~8	8~10

资料来源：徐思淑、徐坚编著《山地城镇规划设计理论与实践》，中国建筑工业出版社，2012。

　　另外，对于任何一种山地空间布局模式，在进行竖向设计时，设计方式也将影响到土地开发的成本。如在地形起伏较大的地方，应充分利用地形，适当地加大设计地面的坡度，反复调整设计地面标高，使设计地面尽可能地与自然地面接近，两者形成的高差较小才能减少土石方工程量、支挡构筑物和建筑基础的工程量（见图4-9）。

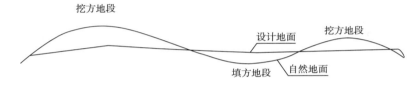

图4-9　地形起伏较大时挖方填方示意

　　边坡处理时，边坡坡度的大小决定了边坡的占地宽度和切坡的土石方工程量（见图4-10）。

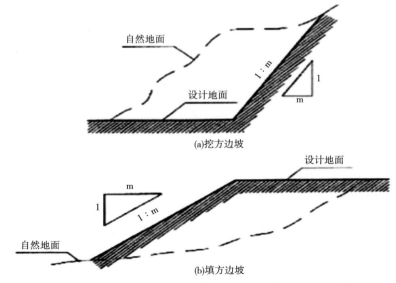

图4-10　边坡坡度对土石方工程量的影响

第四节　地质环境影响

除地貌因素影响外，项目区所在区域的地质环境将直接或间接地影响土地开发成本。要辨识不利地形条件的分布范围，如地形太过陡峭的地区，在开发时挖填土石方工程量均较大，且容易引发地质灾害，其开发与灾害防治成本均偏高，作为城市发展用地既不经济又不安全。为了表示地质灾害严重程度，可根据其防治之难易或防治费用之高低加以分级。参考美国地质调查所于 1970～1976 年在加州所做的研究结果[64]，可将每种灾害之严重程度分成三至五级，分别以 0、1、2、3、4 代表，其数值愈大表示防治成本愈高，处理的难度亦随之增加。0 代表不需处理者，1 代表容易处理者，2 代表稍难处理者，3 代表很难处理者，4 代表极难处理或甚至无法处理者。

边坡破坏防治成本的来源主要可分为两大类，一类为工程地质调查费用，包括以下几点。①初步地质报告，包括对已有报告的分析、航照判释、地表地质图之制作及少数地物探勘之剖面。②地下地质调查，包括挖掘明坑、明沟，取样试验，坡度稳定分析和综合分析。③详细的工程地质调查，包括钻探、土壤分布图及试验、整坡工程与特殊的基础设计。另一类为减轻地质灾害的费用，该费用的估计因坡地条件的不同，变化很大，约为工程构筑费用的 1%～50%。经过实例查访和统计分析可知，在美国，若以住宅区作为土地利用方式，边坡破坏防治

成本依据灾害敏感性的高低顺序依次为 200000、100000、50000
及 0 ~ 9000 美元，其费用之比值为 20、10、5、0，其又用来表
示地质灾害防治成本指数（见表 4 - 6）。

表 4 - 6　地质灾害防治成本指数

地质灾害类别	灾害严重等级	单项灾害防治成本指数
边坡破坏	0	0
	1	5
	2	10
	3	20
土壤侵蚀	1	1
	2	2
	3	3
基础沉陷	0	0
	1	2
	2	3
	3	10
地盘下陷	0	0
	1	2
	2	3
	3	10
	4	20

资料来源：徐思淑、徐坚编著《山地城镇规划设计理论与实践》，中国建筑工
业出版社，2012。

　　基础沉陷的防治成本主要包括地下地质调查费用、整坡费
用、适当的回填费用、特殊的基础设计费用。依据灾害程度之
高低顺序，美国的统计数字（以住宅区为土地利用方式）为

100000、30000、20000、2000 美元，表 4 - 6 为其费用比值，即 10、3、2、0。

在 Laird 等人（1979）的研究报告中，关于土壤侵蚀一项，他们考虑了侵蚀所造成的水土流失以及于沉积区将淤泥清除所需的费用。若以住宅区为土地利用方式，其总费用仅数百美元，与前两项地质灾害的防治成本无法相比。但鉴于云南省雨量充沛，侵蚀作用旺盛，坡地开发会造成坡地裸露，必须实施水土保持工作，以抗侵蚀并稳定坡面，故将其地质灾害防治成本的比值设定为 3、2、1。

若将同一网格（Cell）（单位面积为 25 米 × 25 米）内各项灾害防治成本指数相加，即得另一数值，可反映此网格的"开发成本指数"（见表 4 - 7）。

表 4 - 7　按开发成本指数分级的土地利用潜力

土地开发成本指数界线	土地利用潜力等级
1 ~ 5	很高
6 ~ 10	高
11 ~ 20	中
21 ~ 25	低
> 25	很低

资料来源：徐思淑、徐坚编著《山地城镇规划设计理论与实践》，中国建筑工业出版社，2012。

从表 4 - 7 可以看出，地质灾害防治成本对土地成本的构成影响显著，特别是对于山地区域，开发前的地质环境评价、开发中及开发后的地质灾害防治，对低丘缓坡山地的可持续开发影响重大，要想实现"建得好"的目标，需加大对山地地质灾害防治的投入，这部分投资在开发前虽会增加土地开发的成本，但对保障山地开发安全是必不可少的。

第五节　环境保护影响

土地开发项目对环境的影响涉及所有的环境问题，包括从大气环境污染、水环境污染、噪声污染、固体废弃物污染到资源和生态系统的各种类型的环境问题。土地开发项目对环境的影响，可能是负面的影响，如加重环境污染、浪费资源或破坏生态系统；也可能是正面影响，如减轻环境污染、节约资源或改善环境。不同类型的投资项目对环境造成的影响会表现出不同的形式和特点。从经济分析的角度讲，项目对环境的影响的经济意义在于项目对环境负面或正面的影响对经济造成的损失或给经济带来的收益。对于土地开发项目来说，其成本应包括开发过程中对环境带来负面影响而导致的经济损失部分。

对土地开发项目来说，土地开发后对环境的污染相对较小，但可能会影响到区域的景观。土地开发对环境的影响主要表现在建设期，其中包括大气污染、噪声污染、水污染、拆迁安置问题以及对区域景观的影响等。大气污染主要是土方施工时的扬尘、车辆行驶时的扬尘、风力产生的扬尘，扬尘影响的典型案例如兰州市投资千亿的削山造地工程造成极为严重的扬尘，加重了兰州市的大气污染，削山造地导致兰州市的雾霾加剧，削山造地工程被迫停工；噪声污染主要是机器运转、车辆行驶及工人施工所产生的噪声；水污染主要是建设工地的生活污水、施工产生的废水等污染。在很多土地开发项目中，居民拆迁安置过程中也会产生相应的问题。目前，为了减轻土地开发项目对环境造成的负面影响，除在工程技术上有所要求外，还收取土地开发项目的环境保护费，这部分费用也是土地成本的组成部分。

第六节　生态影响

对于生态影响，由于目前对生态价值计算的科学性还有待提高，这部分价值很难进行准确的量化界定，土地成本中的生态成本还需进一步通过研究才能合理确定。对于一些适宜建设区域，需根据生态敏感性等级考虑项目区及项目区外土地开发的方式，以降低对生态的影响；对已经明确了生态保护廊道的区域，土地开发应尽量避免对现有保护廊道的影响，并保持廊道的畅通性。这些生态的应对措施，都将在一定程度上加大土地开发的经济成本，但对于生态效益的实现有着积极的意义。

第七节　其他影响因素

第一，技术影响。通过对调研区域的现场考察，与当地政府环保、国土、水利、农业等部门的座谈讨论，发现目前在山地城镇建设开发过程中最缺的就是山地开发的技术支撑体系，目前已在进行建设开发的区域所采用的建设开发标准多为已有的国土部门、建设部门、水利部门的调查和施工建设标准，对于这些标准在山地、在大规模填方挖方（如绿春县，填方最深处约为 100 米）区域适不适用，应做何修正，出现问题又怎么预防均未在前期进行深入分析。不完善的技术支撑体系，导致部分地区在山地土地开发中投入的无针对性、无效性，造成土地开发过程中的浪费，导致部分地区山地土地开发成本偏高。

第二，制度影响。低丘缓坡山地的开发涉及国土、林业、城建、环保、水利等部门，在进行低丘缓坡山地开发前虽将国土、城建、林业三个部门进行了衔接，但在实际操作过程中仍存在政策制度设计不到位导致的土地开发制度成本的增加。地类划分的不统一导致国土部门和林业部门在林地和园地的区分上有争议，使得补偿标准执行不一、征地过程中存在重复上报审批等，这些问题进一步导致原有规划的调整修改、征地补偿标准的重新谈判，使得土地开发周期延长、成本增加。除此之外，现有土地政策无较大突破、差别化不明显，开发主体为突破现有的土地政策瓶颈，需投入更多的资金以保障开发的顺利进行。

第八节 土地利用率影响因素综合分析

通过以上分析可以看出，低丘缓坡区域土地利用率差异的影响因素可以概括为自然条件限制以及人为利用方式影响两个主要方面。第一方面，自然条件包括地形地貌、地质及生态环境因素等。在低丘缓坡区域山地开发的过程中，立足于生态优先与安全经济的原则，高程、坡度等因素影响了建设用地的布局、道路交通的选线，且随着坡度的增加，建筑布局的限制性以及道路交通选线的复杂性不断增加；同时，开发区域的不利地质条件造成建设的避让以及更多地质灾害防治工程设施的修建也是土地利用率降低的直接原因；此外，在开发过程中要重点考虑低丘缓坡生态系统的脆弱性与敏感性，生产建设及人类活动尽量减少对自然生态环境的扰动和破坏，较为健全的生态环境基础设施的修建也必然增加建设用地的规模。第二方面，人为利用方式包括项目的区位选择、低丘缓坡区域空间开发模式的确定等。从云南省的实际情况看，区位条件较好的项目区，道路交通等基础设施用地比例相对较低，市政工程中的生态环境基础设施可依托于临近城镇，也不需单列修建，这使得土地利用率有一定程度的提高；此外，区域空间开发模式应当因地制宜，开发模式的不同会造成挡墙、护坡等设施占地面积的差异，进而造成土地利用率的变化，但是要综合用地空间、用地成本、用地效益等多项因素，科学地确定开发模式。

低丘缓坡区域土地利用率影响因素除以上两个主要方面外，在实际工程项目建设中，还有技术及投资的影响。比如在相同坡度、相同水文工程地质条件下，修筑同样功效的边坡，由于技术的限制及总投资规模的影响，在保证安全的前提下，边坡工程的占地面积通常随着技术水平的提高而减少，同时，随着总投资的增加而减少。所以，技术及可投入的资金量也是影响土地利用率的不可忽略的因素。

第九节　成本影响因素综合分析

通过以上分析可以看出，相对于坝区来说，在不考虑土地收储成本的情况下，当前云南省低丘缓坡山地开发成本的影响因素主要包括四大类：第一类可归结为自然地理环境差异导致的山地土地开发成本的增加，包括在土地平整、边坡防护、灾害治理以及基础设施配套过程中进行的特殊处理导致的成本增加，可称之为土地开发的自然条件改善成本；第二类是为保证土地开发后相关建设项目使用功能的正常实现及区位条件的改善而进行的基础设施配套建设所导致的成本，可称之为土地经济条件改善成本；第三类可归结为技术支撑不足、土地开发困难或不合理开发导致的成本增加，可称之为技术成本；第四类是为了克服制度障碍而付出的制度成本。

这四类成本中，第一，自然条件改善成本为各项目成本的基础，其差异是项目区所在的不同空间的差异导致的，自然条件改善成本是造成坝区与山地土地开发成本差异的主要因素，也是目前建设用地上山遇到的主要困难；第二，土地经济条件改善成本与项目区所在区位和项目区自然条件关联较强，相对于第一类成本而言，经济条件改善成本受项目区所在区域社会经济发展条件影响较大，同样规模、同样标准的基础设施配套工程在经济发达地区与欠发达地区的成本压力不同，土地开发的可能性也不同；第三，从目前云南省试点项目区的情况来看，技术成本受项目区自然环境影响较大，地形越复杂、生态越敏感的地区，技术成本越高；第四，制度成本主要与针对山地开发差别化的土地管理制度的欠缺、现有土地管理制度未能很好地促进山地土地开发有关。四类成本相互影响，相互关联，共同构成山地开发土地成本的主要影响因素。

第五章 低丘缓坡建设用地开发
土地利用率理论模型

目前国内外学者关于土地利用率的研究主要是从土地细碎化、土地流转、农地整理等方面对土地利用率进行评价，但针对低丘缓坡土地开发与坝区土地开发之间的土地利用率差异的理论研究很少见，只有工程设计及城市规划中建设开发场地等相关的规范及要求对某些单项因素有所规定。本书的理论模型的研究建立在一定的理想环境假设的基础上，依据现有的建设用地开发及城市规划方面的规定对低丘缓坡建设用地开发的土地利用率与坝区的差异进行探讨。

第一节 土地利用率理论模型研究

一 假设

第一，在城市建设中，将城市用地分为道路、建筑和生态绿地三大类，其他用地所占比例较小，如给排水设施等可在道路下面布设的基础设施不需占用单独的用地，所以忽略不计。

第二，平原或平坝的坡度是最适合城市建设的，其坡度为2°~3°，本书选择作3°为理论模型中平坝的坡度。

第三，理论模型研究的低丘缓坡区域是8°~25°的标准圆锥体型山，即从山脚到山顶的坡度是固定不变的。

需要注意的是，在不同地区的研究中，平坝和低丘缓坡区域的坡度区间可根据不同的区域特点进行调整，本理论模型主要提供方法参考。

二 理论模型

1. 总体模型

$$S_{地} = S_{路} \times C_1 + S_{建筑} \times C_2 + S_{绿地} \times C_3$$

$S_{地}$：城市用地中建设的总面积（不包括地质灾害点、冲沟、水系、河流、基本农田、自然保护区等不可建设区域）。

$S_{路}$：城市建设中道路用地的总面积。

C_1：城市用地中道路用地所占比例。

$S_{建筑}$：城市建设中建筑用地的总面积。

C_2：城市用地中建筑用地所占比例。

$S_{绿地}$：城市建设中生态绿地的总面积。

C_3：城市用地中生态绿地所占比例。

2. 分项研究

（1）$S_{路}$

在平坝（3°）中，假设 A、B 两点之间的距离是 1 千米，那么 A、B 两点之间的高差是 tan3°×1000 = 0.052×1000 = 52 米；以 15°的低丘缓坡区域（15°的标准圆锥体型山）为例，假设 C、D 两点之间的距离是 1 千米，那么 C、D 两点之间的高差是 tan15°×1000 = 0.268×1000 = 268 米。根据《城市用地竖向规划规范》（CJJ 83 – 99），城市道路用地的最大坡度是 8°，则 C、D 两点之间不能直接布设直线道路，需在满足道路坡度低于 8°的前提下适当绕路。在两点距离同为 1 千米时，平坝（3°）可达到的高差是 52 米，15°的低丘缓坡区域（15°的标准圆锥体型山）可达到的高差是 268 米，所以在道路用地方面，15°的低丘缓坡区域（简称"15°坡"）的道路用地应为平坝（3°）的道路用地的 5.154 倍。

（2）$S_{建筑}$

在山地的建设中，一般将山地作为台地来进行利用，那么与坝区相比，最终可利用的建筑用地面积须减去护坡占地面积。

根据小区设计经验，建筑之间的最大楼间距是 20 米，楼房的宽度一般最小为 10 米，最大为 17 米，那么取区间内的值 15 米，则两个楼房之间的间距是 35 米。在 15°坡时，35 米的间距可形成 tan15°×35 = 0.268×35 = 9.38 米的高差。

根据一般的边坡支护方案，放坡比例是杂填土 1∶1，粉质黏土 1∶0.5，粉土 1∶0.75，强风化泥岩 1∶0.35，中风化泥岩可以垂直开挖。如果土质为中风化泥岩，则边坡可做成垂直开挖的形态，即边坡可不占地。如果是粉质黏土，则平坝时，中间 35 米的地方都可以进行建设（道路或绿地等），35 米间距为 15°坡时中间可利用的距离为 35 − 9.38 × 0.5 = 30.31 米，即 15°坡与平坝之间的用地比为 1 : 1.155。在这里，可将两个楼房之间的距离设为 a，那么平坝与 15°坡之间的用地比值为 $a : (a − 0.5 × \tan 15° × a) = 1.155$，故楼房间距对这一比值的影响可消除，主要是坡度的变化起作用。

（3）$S_{绿地}$

坡度对生态绿地的建设限制不大，因此假定低丘缓坡区与坝区的生态绿地用地比值为 1。

（4）$S_{地}$

假设 15°的低丘缓坡区域的道路、建筑和生态绿地的用地比例为 0.15、0.45、0.4，则 15°低丘缓坡区域与 3°平坝区域的用地比是（5.154 × 0.15 + 1.155 × 0.45 + 1 × 0.4）: 1 = 1.693 : 1。

第二节　模型的不足与后续深化

以上土地利用率理论模型仅从山地的坡度来对用地进行考虑，而忽略了不同地形对土地利用率的影响。《中国综合地图集》通过绝对高度和相对高度将地形分为了极高山、高山、中山、低山和丘陵五种（见表 5 - 1）。

表 5 - 1　中国地形分类

单位：米

名称		绝对高度	相对高度
极高山		> 5000	> 1000
高山	深 切 割	3500 ~ 5000	> 1000
	中等切割		500 ~ 1000
	浅 切 割		100 ~ 500
中山	深 切 割	1000 ~ 3500	> 1000
	中等切割		500 ~ 1000
	浅 切 割		100 ~ 500
低山	中等切割	500 ~ 1000	500 ~ 1000
	浅 切 割		100 ~ 500
丘陵		< 500	< 200

资料来源：《中国综合地图集》，中国地图出版社，1990。

从土地利用率来看，相对高度较高的地形其地形破碎度低，只要坡度是在适合建设的 25°范围以内，都可以进行利用；而对于丘陵来说，其相对高度较低，地形破碎度较高，在进行土地利用时丘陵与丘陵之间可能存在不完全的土地利用，则其利用率就会降低。这些问题在以后的理论模型中将被深入研究。

在进行具体的低丘缓坡山地开发时还应考虑区域的地形特征（山脊、山谷等）。由于低丘缓坡山地开发是在 25°以下的区域进行的，梯台可按照不同标高划分为多层梯台或单层梯台，并进行开发。应结合开发区域土壤质地、地基承载力、土地平整工程量和城市建设成本来确定低丘缓坡山地开发的边坡坡度和梯台层数。

第六章　低丘缓坡建设用地开发案例
调查与已实施案例修正

第一节　函调数据统计分析论证

根据各州（市）填写上报的云南省下发的《云南省低丘缓坡土地综合开发利用专题调研方案》的问卷调查中县（市、区）典型低丘缓坡项目区土地利用率统计分析表，对函调数据进行统计分析。函调收集资料涉及 14 个州（市），共计 45 个县（市、区）。项目类型分别为工业建设项目、旅游开发项目、城镇建设项目、综合开发项目等。根据各个州（市）上报的情况，选取云南省低丘缓坡典型项目区共 60 个；统计到的项目有 57 个，其中工业建设项目 34 个，旅游开发项目 3 个，城镇建设项目 9 个，综合开发项目 11 个。

一　不同坡度下的土地利用率

从汇总的 14 个州（市）的数据来看，云南省低丘缓坡项目可建设开发有效面积共 34788.75 公顷，其中 0°~8°、8°~

15°、15°～25°及 25°以上可建设开发有效土地面积分别为 12492.35 公顷、12538.45 公顷、7555.09 公顷、2202.86 公顷。从图 6 – 1、表 6 – 1 中我们可以看出，随着坡度的上升，可建设开发有效土地面积不断减少，土地利用率基本呈下降趋势。8°～15°可建设开发有效土地面积最多，但土地利用率在 15°～25°反而升高。统计分析出的结果存在异样，判断其原因为给出数据中存在各坡度级之间交叉的问题。由表 6 – 2 可以看出，在 1：50000 的地形图统计出来的值中，每个坡度级中都混合了其他坡度级。

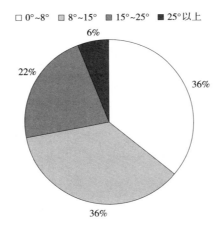

图 6 – 1　不同坡度级可建设开发有效土地面积占比

表 6 – 1　各坡度平均土地利用率汇总

单位：%

坡度	平均土地利用率
0°～8°	72.32
8°～15°	67.56

坡度	平均土地利用率
15°~25°	72.00
25°以上	50.97

注：土地利用率＝不同坡度级可建设开发有效土地面积/该坡度用地总面积。

表6-2　不同坡度级交叉对比

单位:%

1∶50000 地形图	1∶10000 地形图	所占比例
0°~8°	0°~8°	0.62
	8°~15°	1.14
	15°~25°	0.14
	25°以上	0.02
8°~15°	0°~8°	3.02
	8°~15°	53.70
	15°~25°	11.25
	25°以上	1.52
15°~25°	0°~8°	0.37
	8°~15°	8.05
	15°~25°	6.58
	25°以上	3.29
25°以上	0°~8°	0.10
	8°~15°	4.30
	15°~25°	4.01
	25°以上	1.90

二　不同项目类型下的土地利用率

1. 土地利用率

由图 6-2 可以看出，四个项目类型的土地利用率随着坡度的上升总体呈下降趋势，其中综合开发项目的平均土地利用率基本低于工业建设项目、城镇建设项目、旅游开发项目。

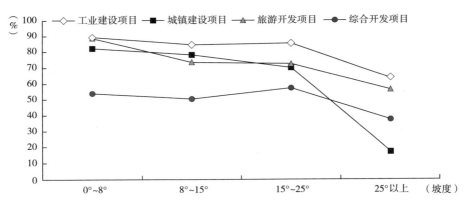

图 6-2　各项目类型平均土地利用率

2. 各项目类型相对面积

通过对各项目类型在各用地类型占地面积的统计分析可知，城镇建设项目、旅游开发项目随着坡度的上升可建设开发有效土地面积所占比重不断下降，土地利用率随着坡度的上升呈现明显的下降趋势。四个项目类型的生态绿地建设占地面积总体随着坡度的上升不断增加。边坡建设占地面积在坡度为 8°～15°和 15°～25°时比重较大。在坡度较小时，公共道路建设占地面积基本上随着坡度的上升而有所增加，但坡度在15°以上时由于道路施工难度大，公共道路建设占地面积比重有所下降。详见图6-3、图6-4、图6-5和图6-6。

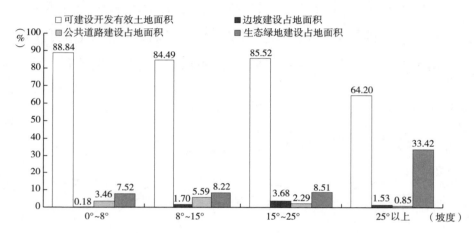

图6-3　工业建设项目各用地类型占地面积比重

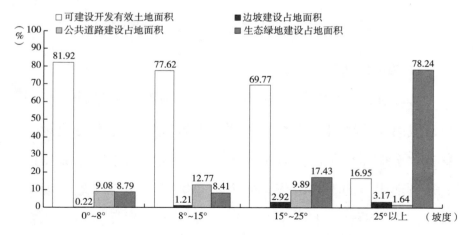

图6-4　城镇建设项目各用地类型占地面积比重

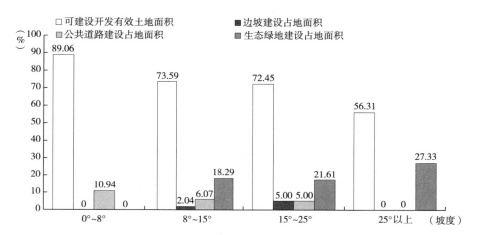

图 6-5 旅游开发项目各用地类型占地面积比重

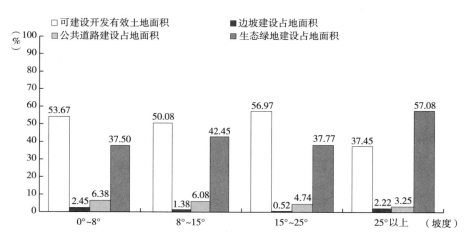

图 6-6 综合开发项目各用地类型占地面积比重

第二节　项目区实施方案空间分析数据统计论证

通过分析全省已批准的项目区实施方案，选取包含等高线信息、可以进行不同坡度用地情况统计分析的 27 个项目区。运用 ArcGIS10.0 对有等高线图层的 27 个项目区实施方案进行坡度分析，提取并统计各功能分区占地面积，得出以下结论。

统计出来的数据含有三个指标：有效建设用地、公共道路用地、生态绿地用地。从有效建设用地占地比例来看，这 27 个项目区中有效建设用地占地比例较低的是景洪光华项目区和楚雄苍岭工业园区，分别为 23.08% 和 25.54%，较高的有磨本片区、楚雄富民项目区和保山市施甸县长水项目区，分别为 82.04%、84.18% 和 87.63%，27 个项目区的平均有效建设用地占地比例为 54.60%；从公共道路用地占地比例来看，这 27 个项目区中除了普洱市思茅区洗马湖项目区的功能分区中无公共道路用地外，其余 26 个项目区的平均公共道路用地占地比例为 9.12%，其中较低的是保山市施甸县长水项目区、麒麟区高家屯 - 窦家冲项目区，分别为 0.37% 和 2.22%，较高的是镇康县白岩项目区、麒麟区冷家屯项目区，分别为 21.32% 和 27.09%；从生态绿地用地占地比例来看，27 个项目区的平均生态绿地用地占地比例为 30.24%，其中较低的是楚雄富民项目区、楚雄苍岭工业园区、磨本片区，分别为 4.99%、6.55% 和 7.47%，其余项目区的生态绿地用地占地比例均在

10.00%以上，较高的有景洪天河项目区、富源城北项目区和景洪光华项目区，分别为51.07%、51.92%和67.16%，另外，鲁甸桃源山项目区和麒麟区金麒湾项目区的生态绿地用地占地比例也接近50.00%（见表6-3）。

表6-3 各项目区用地类型占地比例

单位:%

项目区	有效建设用地占地比例	公共道路用地占地比例	生态绿地用地占地比例
保山市施甸县长水项目区	87.63	0.37	12.00
楚雄富民项目区	84.18	8.42	4.99
楚雄苍岭工业园区	25.54	5.74	6.55
大理海东新区	49.76	12.34	31.09
富民哨箐项目区	68.95	17.26	13.75
富民兴贡项目区	53.00	13.27	10.57
富源城北项目区	39.49	5.92	51.92
富源中安后所项目区	52.02	3.74	43.49
玉溪红塔区观音山项目区	60.86	14.69	23.90
景洪景大项目区	38.51	6.41	38.99
景洪天河项目区	44.62	3.34	51.07
景洪光华项目区	23.08	5.71	67.16
昆明西山区花红园项目区	53.63	9.12	28.18
耿马县大湾江项目区	40.03	12.09	43.03
镇康县白岩项目区	46.14	21.32	31.80
鲁甸茨院山项目区	73.39	11.55	15.07
鲁甸桃源山项目区	38.79	4.68	49.61
禄丰县土官片区	67.53	3.74	27.69

项目区	有效建设用地占地比例	公共道路用地占地比例	生态绿地用地占地比例
磨本片区	82.04	10.19	7.47
牟定县左脚舞项目区	63.53	9.90	26.57
普洱市思茅区洗马湖项目区	66.23	—	33.56
麒麟区冷家屯项目区	38.16	27.09	29.79
麒麟区高家屯 – 窦家冲项目区	56.37	2.22	31.56
麒麟区金麒湾项目区	36.45	4.94	49.85
砚山县白龙山项目区	53.00	6.25	39.59
宜良县北古城镇项目区	60.55	12.98	23.30
昭阳区塘房项目区	70.62	3.96	24.04
平均占地比例	54.60	9.12	30.24

一 不同坡度下的土地利用率

从 27 个项目区数据来看，项目区可建设开发有效土地面积为 10162.73 公顷，其中 0°~8°、8°~15°、15°~25° 及 25° 以上可建设开发有效土地面积分别为 4938.93 公顷、2389.38 公顷、2109.94 公顷、724.48 公顷。从表 6-4、图 6-7 可以看出，随着坡度的上升，可建设开发有效土地面积不断减少，土地利用率呈下降趋势。公共道路建设占地比例随着坡度的上升而降低。生态绿地建设占地比例随着坡度的上升而上升。

表 6 – 4　分坡度级各项用地占地比例

单位：公顷，%

坡　度	可建设开发有效土地面积	土地利用率	公共道路建设占地面积	公共道路建设占地比例	生态绿地建设占地面积	生态绿地建设占地比例	分坡度项目用地面积
0°～8°	4938.93	56.27	798.64	9.10	2379.51	27.11	8777.57
8°～15°	2389.38	55.81	347.76	8.12	1349.57	31.52	4281.21
15°～25°	2109.94	46.24	327.58	7.18	1856.45	40.69	4562.71
25°以上	724.48	37.37	138.59	7.15	984.72	50.80	1938.59
四坡度总计	10162.73	51.96	1612.57	8.24	6570.25	33.59	19560.08

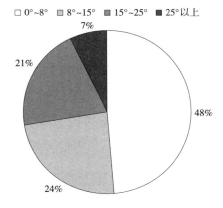

图 6 – 7　不同坡度级可建设开发有效土地面积占比

二　各项目类型在不同坡度下的土地利用率

通过对 27 个项目区在各用地类型占地面积的统计分析可知，随着坡度的上升，工业建设项目、综合开发项目可建设开发有效土地面积所占比重不断减少，土地利用率随着坡度的上升呈现明显的下降趋势（见表 6 – 5）。旅游开发项目、城镇建设项目由于要保存生态保留地，城镇要达到"城在林中"的效果，因此城市上山项目的土地利用率低。同样，旅游讲求的是环境的生态服务价值，因此旅游开发项目在各坡度的土地利用率明显低于其他项目类型。四个项目类型的生态绿地建设占地面积总体随着坡度的上升不断增加。公共道路建设占地面积总体随着坡度的上升呈下降趋势。但是不同项目类型对道路的要求不同、技术规范标准不同、道路施工难易程度不一致，导致公共道路建设占地面积在不同的项目类型中比重不同、呈现的规律不同。详见图6-8、图6-9、图6-10、图6-11。

表6-5 不同坡度下各项目类型土地利用率

单位:%

项目类型 \ 坡度级	0°~8°	8°~15°	15°~25°	25°以上
工业建设项目	62.10	61.17	46.34	38.41
城镇建设项目	35.26	62.43	47.95	29.21
旅游开发项目	35.26	46.23	41.02	33.35
综合开发项目	57.94	55.73	50.62	41.82

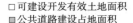

□可建设开发有效土地面积
▨公共道路建设占地面积   ■生态绿地建设占地面积

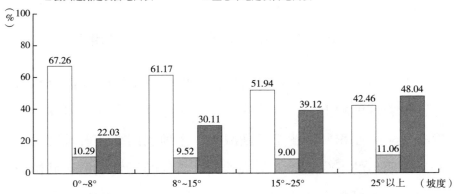

图6-8 工业建设项目各用地类型占地面积比重

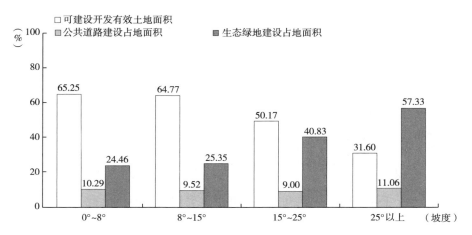

图 6-9　城镇建设项目各用地类型占地面积比重

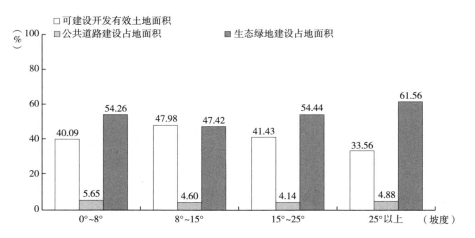

图 6-10　旅游开发项目各用地类型占地面积比重

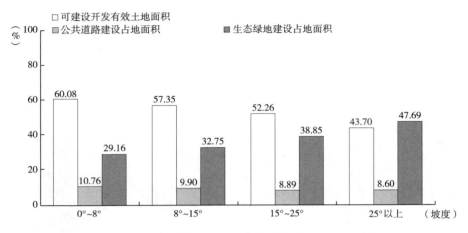

图 6-11 综合开发项目各用地类型占地面积比重

第三节 统计数据的多元线性回归分析

一 分坡度级的模型

本节对云南省低丘缓坡典型项目区调查回收的 57 个样本进行分析。其中，比例 = 各建设用地面积/总项目用地面积。此处采用多元线性回归模型对截面数据进行深度挖掘分析，以定量分析各因素对土地利用率的影响程度。其中，可建设开发有效土地面积为因变量，记为 Y；边坡建设占地面积、公共道路建设占地面积、生态绿地建设占地面积均为自变量，分别记为 X_1、X_2、X_3。同时，根据可建设开发有效土地的不同坡度级将因变量分为 $0° \sim 8°$、$8° \sim 15°$、$15° \sim 25°$、$25°$ 以上四个级别分别进行多元线性回归分析，以确定不同坡度级中各个因素影响的程度及其差别。此处建立的统一模型为：

$$Y = C + \beta_1 X_1 + \beta_2 X_2 + \beta_3 X_3 + \varepsilon \qquad (6-1)$$

式（6-1）中 C 为常数项，β_i（$i = 1$，2，3）为各个自变量的系数，ε 为随机误差项。以下为估计结果。

1. $0° \sim 8°$ 各项目区土地利用率模型估计

根据 $0° \sim 8°$ 坡度级土地利用率模型得出的估计结果如表 6-6 所示。

表 6-6　$0° \sim 8°$ 坡度级模型估计结果

	Coefficient	Std. Error	t - Statistic	Prob.
X_1	- 0. 050806	0. 659663	- 0. 077019	0. 9389
X_2	4. 205041	1. 084293	3. 878143	0. 0003
X_3	- 1. 009771	0. 524066	- 1. 926803	0. 0591
C	0. 241799	0. 030828	7. 843400	0. 0000
R - squared	0. 214012	Mean dependent var		0. 282064
Adjusted R - squared	0. 171906	S. D. dependent var		0. 204424
S. E. of regression	0. 186025	Akaike info criterion		- 0. 461527
Sum squared resid	1. 937905	Schwarz criterion		- 0. 321904
Log likelihood	17. 84580	Hannan - Quinn criter.		- 0. 406912
F - statistic	5. 082643	Durbin - Watson stat		1. 691311
Prob（F - statistic）	0. 003499			

从估计结果可看出，模型整体拟合优度很低，且有两个系数不显著，判断该模型可能存在异方差问题，因此对其进行异方差检验，检验结果如表 6-7 所示。

表 6 - 7   White 检验结果

F - statistic	0.621507	Prob. F (9, 50)	0.7730
Obs · R - squared	6.036917	Prob. Chi - Square (9)	0.7362
Scaled explained SS	5.556176	Prob. Chi - Square (9)	0.7834

White 检验结果表明，模型不存在异方差，但原模型不显著，因此对其使用加权最小二乘法进行修正，结果如表 6 - 8 所示。

表 6 - 8   加权最小二乘法修正结果

	Coefficient	Std. Error	t - Statistic	Prob.
X_1	0.043088	0.048980	0.879705	0.3828
X_2	4.599731	0.239143	19.23422	0.0000
X_3	- 1.064206	0.056717	- 18.76358	0.0000
C	0.233478	0.006209	37.60551	0.0000
Weighted Statistics				
R - squared	0.933515	Mean dependent var		0.220344
Adjusted R - squared	0.929953	S. D. dependent var		0.350446
S. E. of regression	0.040929	Akaike info criterion		- 3.489601
Sum squared resid	0.093812	Schwarz criterion		- 3.349978
Log likelihood	108.6880	Hannan - Quinn criter.		- 3.434986
F - statistic	262.0986	Durbin - Watson stat		1.631370
Prob (F - statistic)	0.000000			
Unweighted Statistics				
R - squared	0.211720	Mean dependent var		0.282064
Adjusted R - squared	0.169490	S. D. dependent var		0.204424
S. E. of regression	0.186297	Sum squared resid		1.943558
Durbin - Watson stat	1.669925			

修正后的模型总体拟合优度较高，且只有 X_1 的系数不显著，X_3 的系数为负表示在 $0° \sim 8°$ 坡度级上生态绿地建设对土地利用率的影响为负。

2. $8° \sim 15°$ 各项目区土地利用率模型估计

根据 $8° \sim 15°$ 坡度级土地利用率模型得出的估计结果如表 6 −9 所示。

表 6 − 9　$8° \sim 15°$ 坡度级模型估计结果

	Coefficient	Std. Error	t − Statistic	Prob.
X_1	0. 072795	0. 776361	0. 093764	0. 9256
X_2	2. 042054	0. 877559	2. 326972	0. 0236
X_3	− 0. 415537	0. 388563	− 1. 069420	0. 2895
C	0. 244690	0. 025887	9. 452237	0. 0000
R − squared	0. 096076	Mean dependent var		0. 268583
Adjusted R − squared	0. 047651	S. D. dependent var		0. 150173
S. E. of regression	0. 146551	Akaike info criterion		− 0. 938540
Sum squared resid	1. 202731	Schwarz criterion		− 0. 798917
Log likelihood	32. 15619	Hannan − Quinn criter.		− 0. 883925
F − statistic	1. 984034	Durbin − Watson stat		1. 907416
Prob（F − statistic）	0. 126810			

从估计结果可看出，模型整体拟合优度非常低，且有两个系数不显著，判断该模型可能存在异方差，因此对其进行异方差检验，检验结果见表6 − 10。

表 6 - 10　White 检验结果

F - statistic	2. 356474	Prob. F（9，50）	0. 0264
Obs · R - squared	17. 87006	Prob. Chi - Square（9）	0. 0367
Scaled explained SS	23. 21690	Prob. Chi - Square（9）	0. 0057

　　White 检验结果表明，模型存在异方差，使用加权最小二乘法对其进行修正，结果见表 6 - 11。

表 6 - 11　加权最小二乘法修正结果

	Coefficient	Std. Error	t - Statistic	Prob.
X_1	0. 113283	0. 116639	0. 971226	0. 3356
X_2	1. 828189	0. 119846	15. 25449	0. 0000
X_3	- 0. 395465	0. 053390	- 7. 407045	0. 0000
C	0. 248136	0. 003153	78. 69350	0. 0000
Weighted Statistics				
R - squared	0. 854720	Mean dependent var		0. 265879
Adjusted R - squared	0. 846937	S. D. dependent var		0. 590807
S. E. of regression	0. 026045	Akaike info criterion		- 4. 393609
Sum squared resid	0. 037988	Schwarz criterion		- 4. 253986
Log likelihood	135. 8083	Hannan - Quinn criter.		- 4. 338995
F - statistic	109. 8208	Durbin - Watson stat		1. 550335
Prob（F - statistic）	0. 000000			
Unweighted Statistics				
R - squared	0. 095094	Mean dependent var		0. 268583
Adjusted R - squared	0. 046617	S. D. dependent var		0. 150173
S. E. of regression	0. 146631	Sum squared resid		1. 204037
Durbin - Watson stat	1. 911854			

修正后的模型总体拟合优度较高，且只有 X_1 的系数不显著，X_3 的系数也为负，这表示在 $8° \sim 15°$ 坡度级上生态绿地建设对土地利用率的影响为负。

3. $15° \sim 25°$ 各项目区土地利用率模型估计

根据 $15° \sim 25°$ 坡度级土地利用率模型得出的估计结果如表 6 - 12 所示。

表 6 - 12　$15° \sim 25°$ 坡度级模型估计结果

	Coefficient	Std. Error	t - Statistic	Prob.
X_1	0. 335153	0. 621376	0. 539372	0. 5918
X_2	2. 166424	1. 727342	1. 254196	0. 2150
X_3	- 0. 421924	0. 277853	- 1. 518518	0. 1345
C	0. 168632	0. 023113	7. 296127	0. 0000
R - squared	0. 056288	Mean dependent var		0. 175808
Adjusted R - squared	0. 005732	S. D. dependent var		0. 133518
S. E. of regression	0. 133134	Akaike info criterion		- 1. 130574
Sum squared resid	0. 992588	Schwarz criterion		- 0. 990951
Log likelihood	37. 91723	Hannan - Quinn criter.		- 1. 075960
F - statistic	1. 113381	Durbin - Watson stat		1. 245286
Prob（F - statistic）	0. 351427			

从估计结果可看出，模型整体的拟合优度非常低，且三个自变量的系数都不显著，判断该模型可能存在异方差，因此对其进行异方差检验，检验结果如表 6 - 13 所示。

表 6 – 13　White 检验结果

F – statistic	0. 985545	Prob. F （9，50）	0. 4636
Obs·R – squared	9. 040172	Prob. Chi – Square （9）	0. 4336
Scaled explained SS	9. 246294	Prob. Chi – Square （9）	0. 4149

White 检验结果表明，模型不存在异方差，但原模型不显著，因此对其使用加权最小二乘法进行修正，结果见表 6 – 14。

表 6 – 14　加权最小二乘法修正结果

	Coefficient	Std. Error	t – Statistic	Prob.
X_1	0. 317050	0. 074615	4. 249139	0. 0001
X_2	2. 222054	0. 245143	9. 064330	0. 0000
X_3	– 0. 438449	0. 025508	– 17. 18879	0. 0000
C	0. 163527	0. 003563	45. 89598	0. 0000

Weighted Statistics			
R – squared	0. 874392	Mean dependent var	0. 169234
Adjusted R – squared	0. 867663	S. D. dependent var	0. 310468
S. E. of regression	0. 029479	Akaike info criterion	– 4. 145951
Sum squared resid	0. 048664	Schwarz criterion	– 4. 006328
Log likelihood	128. 3785	Hannan – Quinn criter.	– 4. 091337
F – statistic	129. 9444	Durbin – Watson stat	1. 173968
Prob （F – statistic）	0. 000000		

Unweighted Statistics			
R – squared	0. 054536	Mean dependent var	0. 175808
Adjusted R – squared	0. 003887	S. D. dependent var	0. 133518
S. E. of regression	0. 133258	Sum squared resid	0. 994430
Durbin – Watson stat	1. 244284		

修正后的模型总体拟合优度较高，且三个自变量的系数都显著，其中 X_3 的系数为负，这表示在 15°～25°坡度级上生态绿地建设对土地利用率的影响为负。

4. 25°以上各项目区土地利用率模型估计

根据 25°以上坡度级土地利用率模型得出的估计结果如表 6-15 所示。

表 6-15　25°以上坡度级模型估计结果

	Coefficient	Std. Error	t – Statistic	Prob.
X_1	2. 171755	0. 901297	2. 409587	0. 0193
X_2	5. 576498	3. 169462	1. 759446	0. 0840
X_3	– 0. 010661	0. 136947	– 0. 077849	0. 9382
C	0. 035956	0. 009834	3. 656286	0. 0006
R – squared	0. 190787	Mean dependent var		0. 048532
Adjusted R – squared	0. 147436	S. D. dependent var		0. 074673
S. E. of regression	0. 068949	Akaike info criterion		– 2. 446564
Sum squared resid	0. 266221	Schwarz criterion		– 2. 306941
Log likelihood	77. 39692	Hannan – Quinn criter.		– 2. 391950
F – statistic	4. 401007	Durbin – Watson stat		1. 256827
Prob（F – statistic）	0. 007528			

从估计结果可看出，模型整体拟合优度非常低，且有两个系数不显著，判断该模型可能存在异方差，因此对其进行异方差检验，检验结果见表 6-16。

表 6-16 White 检验结果

F – statistic	0. 179281	Prob. F (9, 50)	0. 9954
Obs · R – squared	1. 875708	Prob. Chi – Square (9)	0. 9933
Scaled explained SS	6. 518725	Prob. Chi – Square (9)	0. 6871

White 检验结果表明，模型不存在异方差，但原模型不显著，因此对其使用加权最小二乘法进行修正，结果见表 6-17。

表 6-17 加权最小二乘法修正结果

	Coefficient	Std. Error	t – Statistic	Prob.
X_1	1. 588672	0. 837390	1. 897170	0. 0630
X_2	6. 503018	0. 468021	13. 89471	0. 0000
X_3	– 0. 022915	0. 026120	– 0. 877272	0. 3841
C	0. 031349	0. 002218	14. 13189	0. 0000
Weighted Statistics				
R – squared	0. 789229	Mean dependent var		0. 044672
Adjusted R – squared	0. 777937	S. D. dependent var		0. 209660
S. E. of regression	0. 013057	Akaike info criterion		– 5. 774590
Sum squared resid	0. 009548	Schwarz criterion		– 5. 634967
Log likelihood	177. 2377	Hannan – Quinn criter.		– 5. 719975
F – statistic	69. 89698	Durbin – Watson stat		1. 210523
Prob (F – statistic)	0. 000000			
Unweighted Statistics				
R – squared	0. 172264	Mean dependent var		0. 048532
Adjusted R – squared	0. 127921	S. D. dependent var		0. 074673
S. E. of regression	0. 069733	Sum squared resid		0. 272314
Durbin – Watson stat	1. 318416			

修正后的模型尽管仍有两个自变量的系数不显著，但总体拟合优度提高到了较高水平，说明该修正模型是可行的。

二　总模型

为考察各坡度级对土地利用率的影响程度，此处设置了三个虚拟变量。虚拟变量分别为 X_4、X_5、X_6，其中，

$$X_4 = \begin{cases} 1, & 0° \sim 8° \\ 0, & 其他 \end{cases} \qquad X_5 = \begin{cases} 1, & 8° \sim 15° \\ 0, & 其他 \end{cases} \qquad X_6 = \begin{cases} 1, & 15° \sim 25° \\ 0, & 其他 \end{cases}$$

根据该设置可得样本量为 240 个，建立的模型为：

$$Y = C + \beta_1 X_1 + \beta_2 X_2 + \beta_3 X_3 + \beta_4 X_4 + \beta_5 X_5 + \beta_6 X_6 + \varepsilon \qquad (6-2)$$

模型（6-2）中 Y、X_1、X_2、X_3 的含义与上文相同，对该模型进行估计，结果如表 6-18 所示。

表 6-18　模型估计结果

	Coefficient	Std. Error	t-Statistic	Prob.
X_1	0.160533	0.341622	0.469915	0.6389
X_2	2.693313	0.524163	5.138310	0.0000
X_3	-0.218406	0.147961	-1.476104	0.1413
X_4	0.187946	0.027254	6.896026	0.0000
X_5	0.173178	0.027362	6.329205	0.0000
X_6	0.107618	0.026174	4.111686	0.0001
C	0.052361	0.018818	2.782478	0.0058
R-squared	0.360638	Mean dependent var		0.193747

续表

	Coefficient	Std. Error	t – Statistic	Prob.
Adjusted R – squared	0. 344174	S. D. dependent var		0. 174355
S. E. of regression	0. 141198	Akaike info criterion		– 1. 048578
Sum squared resid	4. 645273	Schwarz criterion		– 0. 947060
Log likelihood	132. 8294	Hannan – Quinn criter.		– 1. 007674
F – statistic	21. 90433	Durbin – Watson stat		1. 696422
Prob（F – statistic）	0. 000000			

根据结果可看出，模型总体的拟合优度仅为 0. 344，较低，且 X_1 与 X_3 的系数不显著，因此判断该模型可能存在异方差，对估计结果进行异方差检验，结果如表 6 – 19 所示。

表 6 – 19　White 检验结果

F – statistic	2. 840232	Prob. F（21，218）	0. 0001
Obs · R – squared	51. 55784	Prob. Chi – Square（21）	0. 0002
Scaled explained SS	79. 03481	Prob. Chi – Square（21）	0. 0000

检验结果显示，White 检验的 P 值为 0，证明模型存在异方差，采用加权最小二乘法对异方差进行修正，结果见表 6 – 20。

表 6 – 20　加权最小二乘法修正结果

	Coefficient	Std. Error	t – Statistic	Prob.
X_1	0. 140652	0. 041934	3. 354164	0. 0009
X_2	2. 522832	0. 146859	17. 17863	0. 0000
X_3	– 0. 223811	0. 021825	– 10. 25503	0. 0000
X_4	0. 179601	0. 005090	35. 28289	0. 0000

续表

	Coefficient	Std. Error	t - Statistic	Prob.
X_5	0.175789	0.001399	125.6221	0.0000
X_6	0.106180	0.003571	29.73054	0.0000
C	0.052254	0.000834	62.68788	0.0000

Weighted Statistics

R - squared	0.996366	Mean dependent var	0.163688
Adjusted R - squared	0.996273	S. D. dependent var	0.743852
S. E. of regression	0.023611	Akaike info criterion	-4.625515
Sum squared resid	0.129887	Schwarz criterion	-4.523997
Log likelihood	562.0618	Hannan - Quinn criter.	-4.584611
F - statistic	10647.65	Durbin - Watson stat	1.361741
Prob（F - statistic）	0.000000		

Unweighted Statistics

R - squared	0.359035	Mean dependent var	0.193747
Adjusted R - squared	0.342529	S. D. dependent var	0.174355
S. E. of regression	0.141375	Sum squared resid	4.656926
Durbin - Watson stat	1.700348		

修正后的模型总体拟合优度较高，且各个系数都是显著的，因此该模型是可行的。观察各变量的系数可知：①生态绿地对土地利用率的影响为负，表明生态绿地建设占地面积越大，土地利用率越低；②公共道路对土地利用率的影响效果在三种建设用地类型中是最大的；③$\beta_4 > \beta_5 > \beta_6$，表明坡度级对土地利用率的影响效果在坡度为 $0° \sim 8°$ 时是最大的，其次是 $8° \sim 15°$ 时，$15° \sim 25°$ 时影响效果相对较小。

第四节　低丘缓坡建设用地开发已实施案例修正及验证

在上述对低丘缓坡建设用地开发土地利用率理论模型建立、案例初步调查及统计论证的基础上，进一步对已经建设完毕或部分开工建设的低丘缓坡开发项目区进行实地走访和工程建设资料收集，根据项目区实际开发建设的情况，由下至上地论证理论模型的合理性。

一　已实施开发的典型项目区总体情况

此阶段的实地调研集中于已经建设完毕或部分开工建设的低丘缓坡开发项目区，收集到了 12 个州（市）的 63 个项目区中 38 个典型项目区的控制性详细规划。38 个典型项目区中控制性详细规划范围与低丘缓坡土地综合开发利用实施方案范围一致的有 22 个，比实施方案范围小的项目区有 16 个，数据统计以控制性详细规划范围为准。

通过对 38 个典型项目区控制性详细规划的初步分析可知，目前 38 个典型项目区获批的新增建设用地规模为 6741.6 公顷，其中坡度 0°~8°的规模为 1361.45 公顷，8°~15°的规模为 3303.61 公顷，15°~25°的规模为 1749.19 公顷，坡度 25°以上的规模为 327.35 公顷（见图 6-12）。可见，新增建设用地主要分布于坡度 8°~25°区域，占新增建设用地总量的74.9%。从控制性详细规划可以看出，在坡度 0°~8°区域新增

的建设用地主要分布于缓坡间平地及山顶平地，占新增建设用
地量的 20.2%；而在坡度 25°以上区域中新增的建设用地仅占
4.9%，主要是道路、环境设施等少量市政基础设施用地。

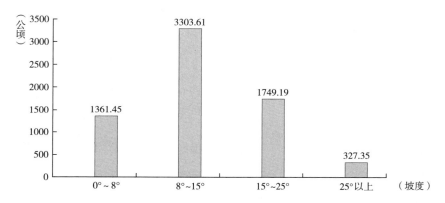

图 6－12　38 个典型项目区批准建设的分坡度规模

　　在 38 个典型项目区中，工业建设类型的项目区有 21 个，
城镇建设类型的项目区有 8 个，旅游开发类型的项目区有 3
个，综合开发类型的项目区有 6 个（见图 6－13）。

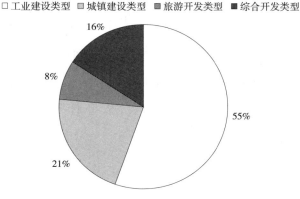

图 6－13　38 个典型项目区建设类型占比情况

二 典型项目区不同类型用地占比

1. 用地分类统计依据

从现行的土地分类来看，不同的行业根据工作任务及主要目的对土地的分类各有差异，《城市用地分类与规划建设用地标准》将土地用途分为 10 个大类（即居住用地、公共设施用地、工业用地、仓储用地、对外交通用地、道路广场用地、市政公用设施用地、绿地、特殊用地、水域和其他用地）、46 个中类、73 个小类；国土资源部 2001 年发布的《土地分类》（国土资发〔2001〕255 号）和建设部发布的《城市用地分类与规划建设用地标准》（GB137 - 90），两者都是以主要用途对土地进行分类；而《城镇国有土地使用权出让和转让暂行条例》将土地出让中的土地用途分为居住、工业等五大类。

由于典型项目区研究数据提取的主要依据是项目区的控制性详细规划，而本书的研究目的在于探讨低丘缓坡建设开发土地利用率，所以围绕着研究目的将控制性详细规划提取的数据进行重新归类整理，划分为三大类：可利用土地面积（可划拨或可出让用地面积）、市政基础设施用地面积、绿地广场及其他保留用地面积。其中，根据对 38 个典型项目区的控制性详细规划信息的提取，可利用土地（可划拨或可出让用地）主要包括居住、工业、物流仓储、商服、行政、文化、教育、体育、医疗、社会福利、宗教设施、机场用地；市政基础设施用地主要包括道路、交通场站、供应设施、环境设施、安全设施；绿地广场及其他保留用地主要包括公共绿地、防护绿地、广场用地、文物古迹、水域及林地等。

2. 典型项目区可利用土地面积占比

38 个典型项目区控制性详细规划的可利用土地面积合计 10860.09 公顷，占项目区总规划面积 20327.24 公顷的 53.43%。

38 个典型项目区中，可利用土地面积占比在 40% 以下的有 8 个，占比 40%～50% 的有 4 个，51%～60% 的有 8 个，61%～70% 的有 10 个，70% 以上的有 8 个。

从可利用土地的用地类型看，工业用地比例最高，占 54.45%，其次为居住用地，占 22.62%，再次为商服用地，占 11.47%（见图 6－14）。

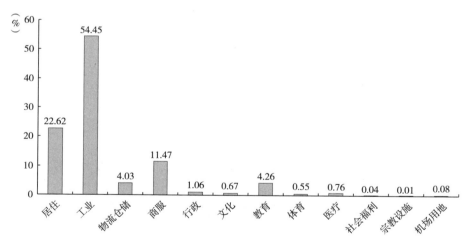

图 6－14　38 个典型项目区可利用土地用地类型占比情况

3. 典型项目区市政基础设施用地面积占比

38 个典型项目区控制性详细规划的市政基础设施用地面

积合计 2297. 27 公顷, 占项目区总规划面积 20327. 24 公顷
的 11. 30% 。

38 个典型项目区中, 市政基础设施用地面积占比在 5% 以
下的有 2 个, 5% ~ 10% 的有 17 个, 11% ~ 20% 的有 14 个,
20% 以上的有 5 个。

从市政基础设施用地类型看, 道路用地比例最高, 占
86. 29% , 其次为交通场站用地, 占 5. 61% , 再次为以供水、
供电、污水处理设施用地为主的供应设施用地, 占 4. 73%
(见图 6 – 15)。

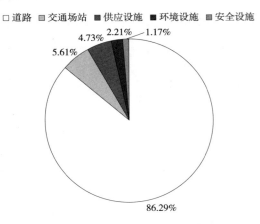

图 6 – 15   38 个典型项目区市政基础设施用地类型占比情况

4. 典型项目区绿地广场及其他保留用地面积占比

38 个典型项目区控制性详细规划的绿地广场及其他保留
用地面积合计 7169. 88 公顷, 占项目区总规划面积 20327. 24
公顷的 35. 27% 。

38 个典型项目区中, 绿地广场及其他保留用地面积占比

在 20% 以下的有 11 个，占比 20% ~ 40% 的有 18 个，41% ~ 60% 有 3 个，61% 以上有 6 个。

从绿地广场及其他保留用地类型看，林地、水域等保留用地比例最高，占 59.65%，其次为防护绿地，占 24.96%（见图 6 - 16）。

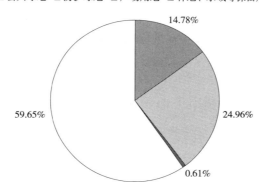

图 6 - 16　38 个典型项目区绿地广场及其他保留用地类型占比情况

三　不同类型项目区土地利用率比较

1. 工业建设类型项目区土地利用率比较

工业建设类型的典型项目区有 21 个，其控制性详细规划面积合计 11713.86 公顷。可利用土地面积合计 6773.73 公顷，占总规划面积的 57.83%；市政基础设施用地面积合计 1459.74 公顷，占总规划面积的 12.46%；绿地广场及其他保留用地面积合计 3480.39 公顷，占总规划面积的 29.71%（见图 6 - 17）。

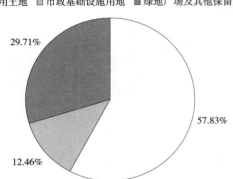

图 6 - 17　21 个工业建设类型项目区不同类型用地占比情况

在可利用土地面积中，占比最大的为工业用地，面积合计5196.76 公顷，占可利用土地面积的 76.72%；在市政基础设施用地面积中，占比最大的为道路用地，面积合计 1239.74 公顷，占市政基础设施用地面积的 84.93%；在绿地广场及其他保留用地面积中，占比最大的为林地、水域等保留用地，面积合计1614.29 公顷，占绿地广场及其他保留用地面积的 46.38%。

2. 城镇建设类型项目区土地利用率比较

城镇建设类型的典型项目区有 8 个，控制性详细规划面积合计 3407.7 公顷。可利用土地面积合计 1542.36 公顷，占总规划面积的 45.26%；市政基础设施用地面积合计 397.3 公顷，占总规划面积的 11.66%；绿地广场及其他保留用地面积合计1468.03 公顷，占总规划面积的 43.08%（见图 6 - 18）。

在可利用土地面积中，占比最大的为居住用地，面积合计为 980.31 公顷，占可利用土地面积的 63.56%；在市政基础设施用地面积中，占比最大的为道路用地，面积合计

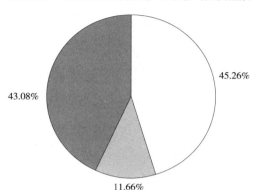

图 6 – 18　8 个城镇建设类型项目区不同类型用地占比情况

364. 61 公顷，占市政基础设施用地面积的 91. 77% ；在绿地
广场及其他保留用地面积中，占比最大的为林地、水域等保
留用地，面积合计 933. 63 公顷，占绿地广场及其他保留用
地面积的 63. 60% 。

3. 旅游开发类型项目区土地利用率比较

旅游开发类型的典型项目区有 3 个，控制性详细规划面积
合计 1482. 49 公顷。可利用土地面积合计 498. 06 公顷，占总
规划面积的 33. 60% ；市政基础设施用地面积合计 73. 93 公顷，
占总规划面积的 4. 99% ；绿地广场及其他保留用地面积合计
910. 50 公顷，占总规划面积的 61. 42% （见图 6 – 19）。

在可利用土地面积中，占比最大的为商服用地，面积合计
232. 28 公顷，占可利用土地面积的 46. 64% ，其次为居住用
地，面积合计 215. 48 公顷，占可利用土地面积的 43. 26% ；在
市政基础设施用地面积中，占比最大的为道路用地，面积合计

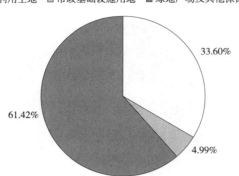

图6-19　3个旅游开发类型项目区不同类型用地占比情况

70.38公顷，占市政基础设施用地面积的95.20%；在绿地广场及其他保留用地面积中，占比最大的为林地、水域等保留用地，面积合计716.56公顷，占绿地广场及其他保留用地面积的78.70%。

4. 综合开发类型项目区土地利用率比较

综合开发类型的典型项目区有6个，控制性详细规划面积合计3723.20公顷。可利用面积合计2045.94公顷，占总规划面积的54.95%；市政基础设施用地面积合计366.30公顷，占总规划面积的9.84%；绿地广场及其他保留地面积合计1310.96公顷，占总规划面积35.21%（见图6-20）。

在可利用土地面积中，占比最大为居住用地，面积合计738.82公顷，占可利用土地面积的36.11%，其次为工业用地，面积合计704.56公顷，占可利用土地面积的34.44%；在市政基础设施用地面积中，占比最大的为道路用地，面积合计307.52公顷，占市政基础设施用地面积的83.95%；在绿地广

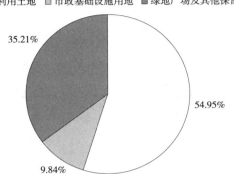

图 6 – 20　6 个综合开发类型项目区不同类型用地占比情况

场及其他保留用地面积中，占比最大的为林地、水域等保留用地，面积合计 1012.23 公顷，占绿地广场及其他保留用地面积的 77.21%。

四　项目区不同类型用地平均容积率与平均建筑密度

1. 住宅用地平均容积率与平均建筑密度

由于收集到的项目区中有部分未规划住宅用地，也有部分规划住宅用地的信息不全。经过遴选，提取昆明市安宁太平北项目等 25 个信息完全的典型项目区的住宅用地容积率及建筑密度，在规划面积为 2219.04 公顷的住宅用地范围内，测算得到平均容积率为 1.75，平均建筑密度为 30.95%。

2. 工业用地平均容积率与平均建筑密度

提取 26 个信息完全的典型项目区的工业用地容积率及建筑密度，在规划面积为 5910.88 公顷的工业用地范围内，测算得到平均容积率为 1.38，平均建筑密度为 39.26%。

3. 物流仓储用地平均容积率与平均建筑密度

提取 19 个信息完全的典型项目区的物流仓储用地容积率及建筑密度，在规划面积为 615.74 公顷的物流仓储用地范围内，测算得到平均容积率为 1.31，平均建筑密度为 35.66%。

4. 公共管理与公共服务用地平均容积率与平均建筑密度

提取 29 个信息完全的典型项目区的公共管理与公共服务用地容积率及建筑密度，在规划面积为 1029.44 公顷的公共管理与公共服务用地范围内，测算得到平均容积率为 1.85，平均建筑密度为 32.25%。

5. 商业及服务设施用地平均容积率与平均建筑密度

提取 35 个信息完全的典型项目区的商业及服务设施用地容积率及建筑密度，在规划面积为 1029.44 公顷的商业及服务设施用地范围内，测算得到平均容积率为 2.33，平均建筑密度为 34.01%。

第七章 低丘缓坡典型项目区成本分析

第一节 典型项目区总体情况

通过实地调研，收集到了 12 个州（市）的 63 个项目区中 47 个典型项目区的预算报告，通过对 47 个典型项目区的预算报告的初步分析可知，目前批准的 47 个典型项目区的建设用地实施规模为 6247.05 公顷，其中，0°~8°的规模为 1493.26 公顷，8°~15°的规模为 3042.84 公顷，15°~25°的规模为 1377.08 公顷，25°以上的规模为 333.87 公顷（见图 7 −1）。

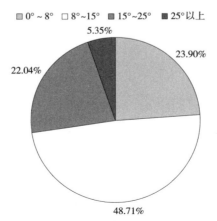

图 7 −1 47 个典型项目区批准建设的分坡度规模情况

47 个典型项目区中，工业建设类型的项目区有 26 个，城镇建设类型的项目区有 10 个，综合开发类型的项目区有 6 个，旅游开发类型的项目区有 5 个（见图 7 – 2）。

47 个典型项目区的新增建设用地规模为 6247.05 公顷，其中，规模在 60 公顷以下的项目区有 14 个，规模在 60～120 公顷的项目区有 16 个，规模在 120～180 公顷的项目区有 9 个，规模在 180 公顷以上的项目区有 8 个（见图 7 – 3）。

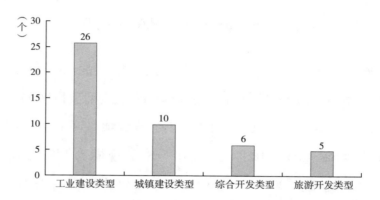

图 7 – 2 47 个典型项目区建设类型数量

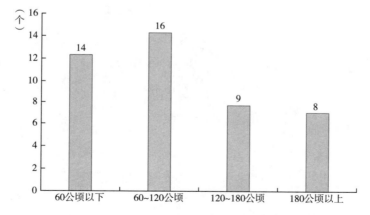

图 7 – 3 47 个典型项目区新增建设用地规模等级数量

47 个典型项目区的批准建设规模预算总投资为 346.71 亿元，其中预算投资在 10 亿元以上的项目区有 4 个，预算投资在 5 亿~10 亿元的项目区有 14 个，5 亿元以下的有 29 个（见图 7 - 4）。

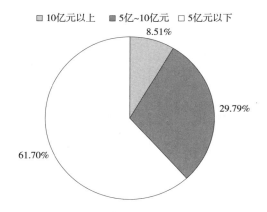

图7 - 4 不同预算投资规模等级项目区数量占比情况

第二节 成本影响因素分析

低丘缓坡土地建设开发成本相对较高，其成本构成的影响因素较多，前文已经对低丘缓坡土地综合开发利用成本影响因素进行了定性的分析，在此基础上，选取 46 个典型项目区（1 个项目区数据资料不全）的不同坡度规模（坡度 1 为 0° ~ 8°；坡度 2 为 8° ~ 15°；坡度 3 为 15° ~ 25°；坡度 4 为 25°以上）、耕地规模、园地规模、林地规模、新增建设用地规模、与城镇距离、相对高差、建设类型等 11 个因素，采取 SPSS 软件进行主成分分析，结果见表 7 - 1 和表 7 - 2。

表 7 - 1　主成分总方差解释

单位:%

成分	初始特征值			提取结果			旋转后的 R^2		
	总计	概率	累计概率	总计	概率	累计概率	总计	概率	累计概率
1	5.508	50.076	50.076	5.508	50.076	50.076	3.539	32.177	32.177
2	1.258	11.432	61.509	1.258	11.432	61.509	2.985	27.134	59.310
3	1.124	10.216	71.725	1.124	10.216	71.725	1.228	11.165	70.475
4	1.011	9.188	80.912	1.011	9.188	80.912	1.148	10.437	80.912
5	0.715	6.501	87.413						
6	0.497	4.515	91.928						
7	0.370	3.360	95.288						
8	0.314	2.857	98.145						
9	0.193	1.753	99.897						
10	0.011	0.103	100.000						
11	2.058 E-10	1.871 E-09	100.000						

表 7 - 2　旋转后的因子负荷矩阵

	成分			
	1	2	3	4
坡度 1	0.547	0.652	0.041	0.174
坡度 2	0.931	0.092	-0.002	-0.004
坡度 3	0.526	0.730	-0.036	-0.101
坡度 4	0.117	0.848	0.006	0.099
耕地规模	0.805	0.370	-0.142	0.185
园地规模	0.697	0.306	0.129	-0.334
林地规模	0.531	0.728	0.106	0.017
相对高差	-0.144	0.284	-0.730	-0.349

续表

	成分			
	1	2	3	4
与城镇距离	− 0.125	0.272	0.803	− 0.209
新增建设用地规模	0.795	0.602	0.002	0.036
建设类型	− 0.021	0.139	0.022	0.886

由表 7 - 1 和表 7 - 2 可知，可以用四个主成分来解释低丘缓坡土地建设开发成本的影响因素，其方差贡献率为 80.912%，第一主成分主要反映 8°～15°的规模、耕地与园地规模以及新增建设用地规模四个方面的因素；第二主成分主要反映 15°～25°规模、25°以上规模和林地规模，对 0°～8°规模也有一定程度的反映；第三主成分反映相对高差和与城镇距离；第四主成分仅反映项目区的建设类型。从主成分分析来看，选取的因素对低丘缓坡土地建设开发成本都有着一定的影响，特别是坡度因素对其成本构成影响较大，项目区新增建设用规模以及占用地类情况也对低丘缓坡土地建设开发成本有着较强的影响。

第三节　成本构成分析

通过对低丘缓坡项目区实地调研，选取了全省 12 个州（市）中 32 个县（市、区）的 47 个典型项目区进行低丘缓坡土地建设开发的成本情况分析。47 个典型项目区的批准建设规模预算总投资为 346.71 亿元，其中，土地征收费为 95.90

亿元，前期工作费为 8.84 亿元、工程施工费为 194.14 亿元，其他工程建设费为 10.25 亿元，林地相关费用为 5.49 亿元，预备费为 32.09 亿元（见图 7-5）。47 个典型项目区建设用地实施规模为 6247.05 公顷，平均单位投资为 555.0 万元/公顷（37.0 万元/亩），其中开发规模最大的大理市下和、上登项目区，开发规模为 1018.16 公顷，平均单位投资为 1102.17 万元/公顷（73.48 万元/亩）。

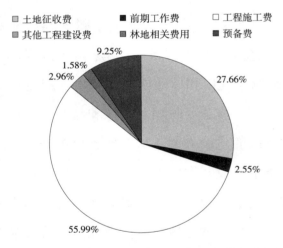

图 7-5 47 个项目区建设开发各项费用比例

1. 土地征收费

项目区土地征收费主要包括征地补偿及安置补偿费、地上附着物及青苗补偿费、被征地农民社会保障、耕地开垦费、税费等。47 个典型项目区的批准建设规模土地征收费为 95.90 亿元，占到预算总投资的 27.66%，所占比例仅次于工程施工费。该项费用的确定依据《云南省十五个州（市）征地补偿标准（修订）》（云国土资〔2014〕27号）、《云南省人民政府关于印发云南省被征地农民基本养老保障试行办法的通知》（云政发〔2008〕226号）、《云南省耕地占用税实施办法》、《新增建设用地土地有偿使用费收缴使用管理办法》和《森林植被恢复费征收使用管理暂行办法》等相关文件。从47个典型项目区来看，土地征收费占预算总投资比例在50%以上的项目区有9个，其中旅游开发类型的项目区有4个（47个典型项目区中旅游开发类型的项目区有5个）；新增建设用地占用耕地与园地比例在50%以上的项目区有6个。土地征收费占预算总投资比例最低的也在10%以上。有30个项目区土地征收费占预算总投资比例在30%以上，可见土地征收费是低丘缓坡土地建设开发成本构成的主要因素之一（见图7-6）。

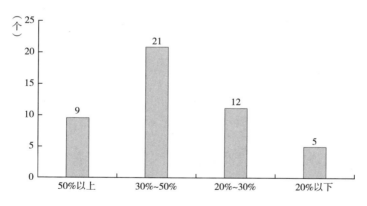

图7-6　土地征收费比例分级项目区数量

2. 前期工作费

前期工作费一般包括测绘钉桩费、业主管理费、实施方案设计费、开发经费预算编制费、工程勘察费、控制性详规编制费、施工图设计费、环境影响报告编制费和竣工验收费等。47 个典型项目区的前期工作费为 8.84 亿元，占到预算总投资的 2.55%，共有 23 个项目区的前期工作费占预算总投资的比例在 2.5% 以上，有 35 个项目区的前期工作费占预算总投资的比例在 1% 以上（见图 7 - 7）。

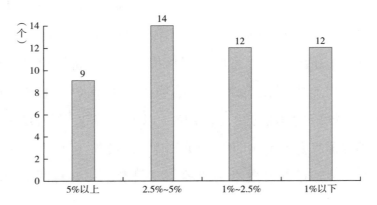

图 7 - 7　前期工作费占预算比例分级项目区数量

3. 工程施工费

项目区工程施工费主要包括用于场地平整、道路工程、排水工程、给水工程、电力工程和电信工程等的费用，各工程费用预算主要根据施工设计图计列的工程量，依据《建设工程工程量清单计价规范》《云南省建设工程造价计价规则》《云南省建设工程措施项目计价办法》《云南省施工机械台班费用计价办法》《云南省建筑工程消耗量定额》《云南省建筑装修工程消耗量定额》《云南省建筑安装工程消耗量定额》《云南省市政工程消耗量定额》进行计价。

根据前面的分析，影响低丘缓坡项目区建设开发成本的因素较多，其中影响工程施工费的主要因素是坡度、项目区相对高差和区位条件，它们对工程施工费的影响相对较大，选取41个典型项目区的相关因素进行工程施工费的回归分析（见表7-3）。

表7-3　工程施工费回归分析相关变量

自变量	工程施工费	Y_1
因变量	0°~8°规模（hm²）（坡度1）	x_1
	8°~15°规模（hm²）（坡度2）	x_2
	15°~25°规模（hm²）（坡度3）	x_3
	25°以上规模（hm²）（坡度4）	x_4
	与城镇距离（km）	x_5
	相对高差（m）	x_6

根据表7-4可知回归方程的拟合优度较高，R^2值为0.91，由表7-5可知，被解释变量与解释变量的全体的线性关系显著，由表7-6可知回归方程为：

$$Y_1 = 379.55x_1 + 219.67x_2 + 1344.58x_3 + 1170.67x_4 + 440.7x_5 +$$
$$46.53x_6 - 45220.4 \qquad (7-1)$$

但由表7-6可知，x_5和x_6，即与城镇距离和相对高差对被解释变量的影响是不显著的，故而保留x_1、x_2、x_3、x_4，重新建立回归方程。

表7-4　模型拟合优度检测

模型	R	R^2	调整后的R^2	标准误估计值
1	0.954[a]	0.910	0.894	39386.90099

表 7 - 5 方差分析

模型		平方和	自由度	样本方差	F 值	Sig 值
1	Regression	5.3E + 11	6	8.895E + 10	57.341	0.000[a]
	Residual	5.3E + 10	34	1551327970		
	Total	5.9E + 11	40			

表 7 - 6 回归相关系数

模型		非标准化系数		标准化系数	t 值	Sig 值
		B	标准误	Beta		
1	（常量）	− 45220.4	18508.37		− 2.443	0.020
	坡度 1	379.551	155.952	0.181	2.434	0.020
	坡度 2	219.669	102.706	0.137	2.139	0.040
	坡度 3	1344.580	183.279	0.612	7.336	0.000
	坡度 4	1170.665	440.791	0.182	2.656	0.012
	与城镇距离	440.700	899.038	0.026	0.490	0.627
	相对高差	46.533	72.728	0.035	0.640	0.527

由表 7 - 7、表 7 - 8 和表 7 - 9 可知，精简变量后回归方程的拟合优度还是较高，R^2 值为 0.909，被解释变量与解释变量的全体的线性关系显著，解释变量对被解释变量的影响显著，回归方程为：

$$Y = 376.16x_1 + 205.69x_2 + 1375.88x_3 + 1143.3x_4 − 33191.2 \qquad (7 - 2)$$

表 7 - 7 新方程拟合优度检测

模型	R	R^2	调整后的 R^2	标准误估计值
1	0.953[a]	0.909	0.898	38578.75126

表7-8 新方程方差分析

模型		平方和	自由度	样本方差	F值	Sig值
1	Regression	5.3E+11	4	1.332E+11	89.512	0.000[a]
	Residual	5.4E+10	36	1488320048		
	Total	5.9E+11	40			

表7-9 新方程回归相关系数

模型		非标准化系统		标准化系数	t值	Sig值
		B	标准误	Beta		
1	（常量）	-33191.2	8314.684		-3.992	0.000
	坡度1	376.157	152.028	0.180	2.474	0.018
	坡度2	205.692	98.828	0.128	2.081	0.045
	坡度3	1375.878	174.328	0.627	7.892	0.000
	坡度4	1143.304	430.176	0.178	2.658	0.012

可见坡度对低丘缓坡项目区土地建设开发成本的影响相对较大，特别是当坡度大于15°后，其对项目区成本增加的作用是十分显著的。

（1）场地平整费

低丘缓坡土地建设开发中场地平整费相对较高，在41个可获得有效数据的典型项目区中（有6个项目区预算报告中没有单独列出场地平整费），场地平整费占预算总投资的18.10%，占工程施工费的32.31%，其中，有13个项目区的场地平整费占预算总投资的30%以上，场地平整费占预算总投资10%以上的项目区有31个。场地平整费与空间开发模式密切相关，一般开山平谷模式的挖方与填方量较大，台地发展模式其次，坡地发展模式相对挖方、填方量最小，41个典型项目区中有40个项目区有场地平整动工规模数据和挖方数据，40个项目区单位挖方量达到3.05万 m^3/hm^2，其中，7个项目区单位挖方量在5万 m^3/hm^2以上，33个项目区单位挖方量在1万 m^3/hm^2以上，可见项目区土地平整的挖方量较大，同时场地平整费还与场地的砌体、土方量与石方量密切相关。场地平整费回归分析相关变量如表7-10所示。

表7-10 场地平整费回归分析相关变量

自变量	场地平整费	Y_2
因变量	0°~8°规模（hm^2）（坡度1）	x_1
	8°~15°规模（hm^2）（坡度2）	x_2
	15°~25°规模（hm^2）（坡度3）	x_3
	25°以上规模（hm^2）（坡度4）	x_4
	相对高差（m）	x_5

根据工程施工费回归方程原理，可得到回归方程的相关系数，如表7-11所示。

表7-11 场地平整费回归方程相关系数

模型		非标准化系数		标准化系数	t值	Sig值
		B	标准误	Beta		
1	（常量）	427.625	4159.254		0.103	0.919
	坡度1	84.507	38.957	0.250	2.169	0.038

续表

模型		非标准化系数		标准化系数	t 值	Sig 值
		B	标准误	Beta		
	坡度 2	51.965	24.652	0.202	2.108	0.043
	坡度 3	64.561	46.224	0.180	1.397	0.172
	坡度 4	508.737	107.243	0.489	4.744	0.000
	相对高差	6.094	18.392	0.027	0.331	0.743

由表 7 - 11 可知相对高差对场地平整费影响的显著性较小，故而构建坡度与场地平整费的回归方程。坡度与场地平整费回归方程相关系数见表 7 - 12。

表 7 - 12　坡度与场地平整费回归方程相关系数

模型		非标准化系数		标准化系数	t 值	Sig 值
		B	标准误	Beta		
1	（常量）	2134.505	2054.309		1.034	0.308
	坡度 1	67.709	37.744	0.197	1.794	0.081
	坡度 2	45.316	24.536	0.171	1.847	0.073
	坡度 3	95.479	43.281	0.264	2.206	0.034
	坡度 4	499.457	106.801	0.472	4.677	0.000

根据回归结果可得出回归方程：

$$Y_2 = 67.71x_1 + 45.32x_2 + 95.48x_3 + 499.46x_4 + 2134.51 \qquad (7-3)$$

回归方程的 R^2 值为 0.79，拟合程度一般，这是由于影响场地平整费的因素除了坡度外，场地平整费还与空间开发模式、场地的砌体拆除量、场地挖填土方量和石方量等有较强的关系，需要对具体的项目区进行具体分析，但通过坡度因素可以大体上对场地平整费做一个预估。

（2）基础设施配套费

基础设施配套费主要包括道路工程、给水工程、排水工程、电力工程、电信工程和燃气工程等费用。在 41 个可获得有效数据的典型项目区中基础设施配套费占预算总投资的 37.92%，各项目区基础设施配套费占预算总投资的比例分级数量见图 7-8。

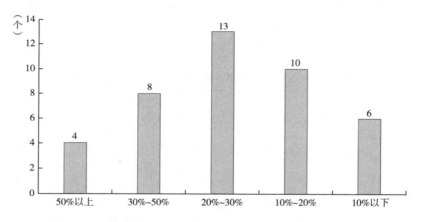

图 7-8　41 个典型项目区基础设施配套费比例分级数量

影响基础设施配套费的因素相对复杂，道路工程要考虑项目区交通的通达度、与附近主干道的距离、项目区的开发建设类型。对一般工业建设类型的项目区而言，项目区内主干路的红线宽度都要在 30.0 米以上；给水工程要考虑附近水源地情况，有的项目区还需要修建水库；排水工程要考虑污水的处理；供电、通信要考虑线路的铺设等问题。由于低丘缓坡项目区一般都不在已有基础设施覆盖的区域，故而基础设施配套费相对较高，但其可服务的区域又相对有限，投入回报率相对较低，因此要注意基础设施的外延辐射，通过合理选择开发区域，扩大辐射的外延，有效降低基础设施的投入成本。

4. 其他工程建设费

项目区的其他工程建设费一般包括地质灾害防治费、环境保护费和水土保持费，在 47 个典型项目区中，其他工程建设费占预算总投资的 2.96%，在占比 1% 以下的 16 个项目区中，有9 个项目区没有涉及其他工程建设费（见图 7 – 9）。总体看来，在其他工程建设费中，地质灾害防治费所占比例较大，在 47 个典型项目区中地质灾害防治费占其他工程建设费的 75.69%，环境保护费占 14.89%，水土保持费占 9.42%。从实地调研结果来看，目前项目区的地质灾害防治费的投入仅是前期投入，随着更多用地单位入驻，局部地质灾害防治费还会增加。

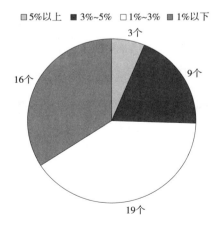

图 7 – 9　其他工程建设费占比等级项目区数量

5. 林地相关费用

项目区林地根据相关费用交纳规定需要交纳林地补偿费、林木补偿费、森林植被恢复费、林地安置补助费等。森林植被恢复费属于政府性基金，由县以上林业主管部门收取。根据财政部、国家林业局《森林植被恢复费征收使用管理暂行办法》（财综〔2002〕73 号）规定，森林植被恢复费的征收标准如下。①用材林、经济林地、薪炭林地、苗圃地，每平方米收取6 元，即6 万元/公顷。②未成林造林地，每平方米收取4 元，即4 万元/公顷。③防护林和特种用途林地，每平方米收取8元，即8 万元/公顷，国家重点防护林和特种用途林，每平方米收取10 元，即10 万元/公顷。④疏林地、灌木林地，每平方米收取3 元，即3 万元/公顷。⑤宜林地、采伐迹地、火烧迹地，每平方米收取2 元，即2 万元/公顷。

46 个典型项目区（1 个项目区没有列出新增建设用地占用地类情况）新增建设用地占用林地1575.19 公顷，占新增建设用地总面积的25.42%，其中占用林地比例在50% 以上的项目区有9 个（见图7 - 10），收取林地相关费用5.49 亿元，占46个典型项目区预算总投资的1.6%。其中林地相关费用占项目区预算总投资5% 以上的项目区有5 个，1% 以下的有24 个（见图7 -11），可见林地相关费用在项目区开发建设成本中所占比例相对较小，但林地相关费用征收的难度相对较大，征收时间成本较高。

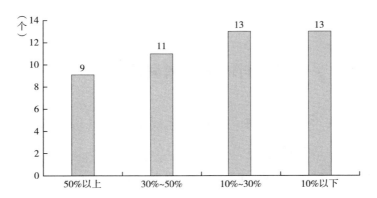

图 7 – 10 项目区新增建设用地占用林地比例分级数量

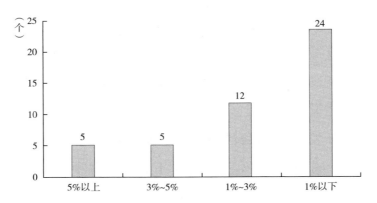

图 7 –11 项目区林地相关费用比例等级数量

6. 预备费

项目区开发建设成本还包括预备费，其主要包括基本预备费和不可预备费，是按投资的一定比例估算的。47 个典型项目区预备费共计 32.09 亿元，占项目区预算总投资的 9.25%，该费用是将土地征收费、前期工作费、工程施工费、其他工程建设费和林地相关费用的合计根据一定比例估算得到的，所以该费用的高低与项目区总投资规模直接相关。

第四节　成本差异性分析

由于地形地貌、地质条件、区位条件、环境条件等方面的差别，低丘缓坡项目区都有着各自的特点，互相之间存在较大的差异性，所以其成本的差异也较大，但是总体上还是有一定的规律的。

一　不同开发类型的成本差异性

云南省低丘缓坡建设开发类型多样，有工业建设、城镇建设、旅游开发、贸易口岸等10多种，在选定的47个典型项目区中工业建设类型项目区有26个，城镇建设类型项目区有10个，综合开发类型项目区有6个，旅游开发类型项目区有5个。在47个项目区中由于大理市下和、上登项目区的建设规模较大，新增建设用地在1000公顷以上，投资规模也相应较大，投资额为122.22亿元，对分析结果的干扰性较强，因此在开发类型成本差异性分析中将其剔除，保留剩余的46个项目区进行分析。

根据各项目区已批准建设规模的投资预算与已批准建设规模情况，求出工业建设类型项目区、综合开发类型项目区、城镇建设类型项目区和旅游开发类型项目区的单位建设成本，如图7-12所示。

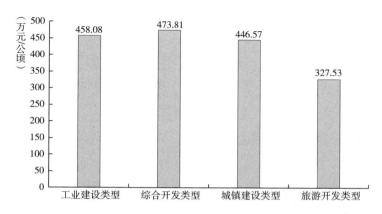

图 7-12 不同建设开发类型项目区单位建设成本

工业建设类型的 26 个项目区单位建设成本为 458.08 万元/公顷（30.54 万元/亩），综合开发类型的 5 个项目区（未计大理市项目区）单位建设成本为 473.81 万元/公顷（31.59 万元/亩），城镇建设类型的 10 个项目区单位建设成本为 446.57 万元/公顷（29.77 万元/亩），旅游开发类型的 5 个项目区单位建设成本为 327.53 万元/公顷（21.84 万元/亩）。

总体来看，工业建设类型、城镇建设类型和综合开发类型的单位建设成本相差不大，综合开发类型微高于工业建设类型，工业建设类型略高于城镇建设类型，而旅游开发类型的单位建设成本明显低于综合开发、工业建设和城镇建设类型，主要由于旅游开发类型项目区多依山就势修建，场地平整费相对较小，从 5 个旅游开发类型项目区的成本构成来看，其工程施工费均低于土地征收费，土地征收费是项目成本构成的最大一部分，有 4 个项目区土地征收费占总成本的比例在 55% 以上，项目区中占比最低的也在 45% 以上。而综合开发类型项目区单位建设成本略高于工业建设类型项目，有几方面原因：一是综合开发类型项目比较复杂，有工业城镇综合开发、城镇旅游综合开发、工业城镇旅游综合开发等不同的综合类型，而样本点又较少，仅有 5 个项目区，代表性不强，存在一定的偏差；二是综合开发类型项目是工业开发与城镇建设的综合，其开发难度相对较大；三是在样本中有 2 个项目区批准建设规模相对较小，分别为 40 公顷和 50 公顷，而土地征收规模都大于批准建设规模，造成单位建设成本过高。

通过分析比较可知，工业建设类型、城镇建设类型和综合开发类型的单位建设成本相差不大，结合实地调研情况，由于云南省低丘缓坡土地建设开发处在试点阶段，同时任务较急，大部分项目区都采取开山平谷模式进行空间开发，没有很好地根据建设类型的差异和工业园区的差异来进行空间开发模式的选择，这造成工业建设类型、城镇建设类型和综合开发类型的空间开发模式的相似性，也无形中提升了开发成本。

二 不同区位条件的基础设施配套费差异分析

低丘缓坡项目区的区位条件，一方面影响其建设开发的基础设施配套费，另一方面也影响着土地的出让，所以区位因素对于低丘缓坡项目区基础设施配套费来说十分重要。为了探寻区位条件与项目区基础设施配套费的关系，从 47 个典型项目区中选取 34 个项目区，剔除了数据资料不全和个别干扰性较强的项目区，如大理下和、上登项目区等 13 个项目区，选择的

34 个项目区与城镇最大距离为 14 千米，将其分为三级，一级距离城镇 1~4 千米，二级距离城镇 4~7 千米，三级距离城镇 7~14 千米，一级有 10 个项目区，二级有 13 个项目区，三级有 11 个项目，不同距离等级单位基础设施配套费见图 7 – 13。

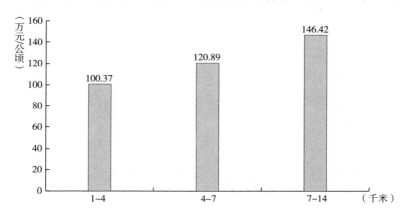

图 7 – 13　典型项目区不同距离等级单位基础设施配套费

由图 7 – 13 可知，随着项目区与城镇距离的不断增大，其单位基础设施配套费也在不断加大，这是低丘缓坡项目区基础设施配套费变动的总体趋势，但还需要考虑项目区与水源地、主干路、变电站等的距离，有些项目区可能距离城镇相对较远，但距离水源地、主干路、变电站等较近，这也会降低项目区基础设施配套费，所以虽然与城镇距离不同的项目区单位基础设施配套费有所区别，但没有很大差异。

三　其他的差异性

除了上述的不同开发类型的成本差异和不同区位条件的基础设施配套费差异外，项目区新增建设用地占用耕地、园地和城乡建设用地规模的不同，其土地征收费也会存在差异，但各地区还存在征地区片价和统一年产值的差异，所以不同项目区新增建设用地占用不同地类造成土地征收费的差异需要在征地区片价和统一年产值类似的项目区之间才能比较，虽然这种差异是显而易见的。

再者就是项目区不同坡度等级规模造成土地平整费的差异，对于这种差异，本书在成本构成的工程施工费部分已经通过回归分析加以说明，不同坡度等级规模的土地平整费差异显著。

第五节　开发难易程度与成本相关性分析

低丘缓坡土地建设开发成本影响因素较多，根据成本影响因素分析的结果，与低丘缓坡土地建设开发成本相关的因素有坡度因素、不同地类占比因素、区位因素、相对高差因素、建设类型因素、新增建设用地规模因素，同时考虑到项目区地质灾害情况，加入地质灾害（简称"地灾"）因素，构建低丘缓坡土地建设开发项目区难度评价体系，详见表7-13。

表7-13　低丘缓坡土地建设开发项目区难度评价体系

一级指标	二级指标	量化标准
坡度（0.3）	0°~8°	40
	8°~15°	60
	15°~25°	80
	25°以上	100

续表

一级指标	二级指标	量化标准
占地类型 （0.2）	耕地	90
	园地	80
	林地	60
	城乡建设用地	100
	其他用地	40
与城镇距离（0.1）		根据项目区与城镇的距离进行数据标准化： $$a'_{ij} = \frac{a_{max} - a_{ij}}{a_{max} - a_{min}} \times 100$$
相对高差（0.15）		根据项目区高差情况进行数据标准化： $$a'_{ij} = \frac{a_{ij} - a_{min}}{a_{max} - a_{min}} \times 100$$
建设类型 （0.1）	工业开发	100
	城镇开发	80
	综合开发	90/60（工业城镇综合类为90，城镇旅游综合类为60）
	旅游开发	40
新增建设 用地规模 （0.1）	≥180	100
	[120，180)	80
	[60，120)	60
	<60	40
地灾情况（0.05）		根据实施方案的描述，结合预算报告中地质灾害防护费的投入以及每公顷用地投入的情况，划分为高（≥40为100）、较高｛[20，40）为80｝、中｛[6，20）为60｝、低（<6为40）

根据表 7-13 选择数据较为齐全的 44 个项目区进行开发难易程度的评价，并将项目区开发难易程度分值与项目区单

位开发成本进行回归分析，剔除有干扰的 8 个样本数据，保留 36 个项目区数据，采用 Eviews6.0 软件，进行回归分析，其结果如表 7 – 14 所示。

表 7 – 14　开发难易程度分值与单位开发成本加权回归

Variable	Coefficient	Std. Error	t – Statistic	Prob.
C	– 679. 4709	35. 20524	– 19. 30028	0. 0000
X	19. 53395	0. 738076	26. 46603	0. 0000
Weighted Statistics				
R – squared	0. 953707	Mean dependent var		345. 4715
Adjusted R – squared	0. 952345	S. D. dependent var		621. 2266
S. E. of regression	35. 85646	Akaike info criterion		10. 05088
Sum squared resid	43713. 31	Schwarz criterion		10. 13885
Log likelihood	– 178. 9158	Hannan – Quinn criter		10. 08158
Prob （F – statistic）	0. 000000			
Unweighted Statistics				
R – squared	0. 294505	Mean dependent var		471. 2408
Adjusted R – squared	0. 273755	S. D. dependent var		183. 0337
S. E. of regression	155. 9813	Sum squared resid		827225. 7
Durbin – Watson stat	0. 357444			

由表 7 – 14 可知，采用一般最小二乘法进行开发难易程度分值与单位开发成本加权回归后，其 R^2 值较低，但进行异方差检验时并不存在异方差，为了使模型具有更好的拟合效果，采用加权最小二乘法进行开发难易程度分值与单位开发成本的线性回归，其 R^2 值为 0.95，拟合度较好，系数与常数项也都通过显著性检验，故而可得到开发难易程度分值与单位开发成

本的线性回归方程：

$$Y = 19.53X - 679.47 \qquad\qquad (7-4)$$

由开发难易程度分值与单位开发成本的线性回归方程可知，所评价的开发难易程度与单位开发成本存在一定的线性相关性，但由于评价体系的限制，有些评价因素没有被纳入，或很难量化，同时，低丘缓坡土地建设开发的局部性问题较为复杂多样，很难在评价指标体系中完全呈现，所以回归方程与实际之间还存在一定的偏差。

第八章 低丘缓坡典型项目区与坝区成本比较

第一节 土地征收成本的差异性

低丘缓坡土地建设开发项目区与同地区的坝区土地征收成本差异较大，本节选择数据相对完整的 43 个典型项目区进行比较。43 个低丘缓坡项目区按动工区域征收土地面积计算，单位面积土地征收成本为 156.30 万元/公顷（10.42 万元/亩），同地区的坝区按相同征收土地规模计算，单位面积土地征收成本为 540.60 万元/公顷（36.04 万元/亩），如果不计坝区耕地质量补偿费，在同地区相同征收规模的情况下，坝区单位面积土地征收成本为 206.64 万元/公顷（13.78 万元/亩）（见图 8 - 1）。如果计耕地质量补偿费，坝区单位面积土地征收成本比低丘缓坡区域高 384.30 万元/公顷（25.62 万元/亩），如果不计坝区耕地质量补偿费，坝区单位面积土地征收成本比低丘缓坡区域高 50.34 万元/公顷（3.36 万元/亩）。

但由于坝区耕地相对集中，全省海拔 2500 米以下的坝区面积为 238.47 万公顷，其中耕地面积为 134.93 万公顷，占坝区面积的

56.58%；低丘缓坡土地资源共 1813.3 万公顷，耕地面积为 280.7
万公顷，占低丘缓坡土地面积的 15.48%（见图 8 - 2），所以坝区
建设更多涉及耕地的征收问题，低丘缓坡区域建设开发更多涉及
林地的征收问题，而耕地征收费用一般高于林地征收费用，再者
坝区征收的耕地中水田较多，而低丘缓坡区域旱地较多，两者征
收费用存在较大差异，同时，耕地质量补偿费的征收，进一步拉
大了低丘缓坡区域与坝区土地征收成本的差距。

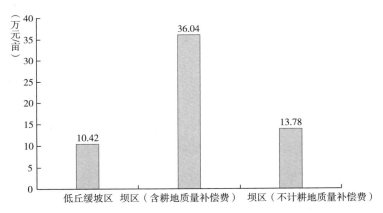

图 8 - 1　典型项目区单位面积土地征收成本对比

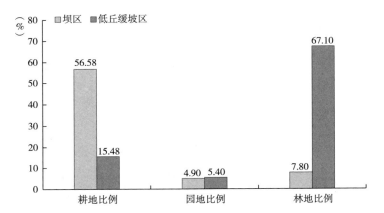

图 8 - 2　坝区与低丘缓坡区耕地、园地、林地比例对比

第二节 土地开发成本的差异性

土地开发成本一般包括前期费用、土地平整费和基础设施建设费。43 个低丘缓坡典型项目区单位土地开发成本为 270.24 万元/公顷（18.02 万元/亩），同地区的坝区单位土地开发成本为 144.87 万元/公顷（9.66 万元/亩），两者相差 125.37 万元/公顷（8.36 万元/亩），其中，低丘缓坡项目区前期费用平均为 24.51 万元/公顷（1.63 万元/亩），坝区为 16.11 万元/公顷（1.07 万元/亩），两者相差 8.40 万元/公顷（0.56 万元/亩）；低丘缓坡项目区土地平整费平均为 106.77 万元/公顷（7.12 万元/亩），坝区为 43.27 万元/公顷（2.88 万元/亩），两者相差 63.50 万元/公顷（约 4.23 万元/亩）；低丘缓坡项目区基础设施建设费平均为 138.96 万元/公顷（9.26 万元/亩），坝区为 85.49 万元/公顷（5.70 万元/亩），两者相差 53.47 万元/公顷（3.56 万元/亩）（见图 8 - 3）。

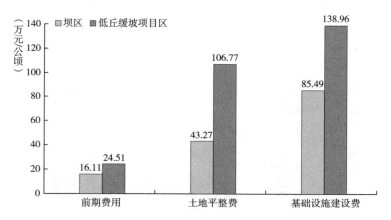

图 8 - 3 坝区与低丘缓坡项目区单位土地开发成本对比

由图 8 - 4 可知，从低丘缓坡项目区与坝区土地开发成本
对比来看，二者的单位土地平整费的差异十分显著，低丘缓坡
项目区平均单位土地平整费是坝区的 2 倍多，有些项目区的土
地平整费甚至是坝区的几十甚至上百倍。

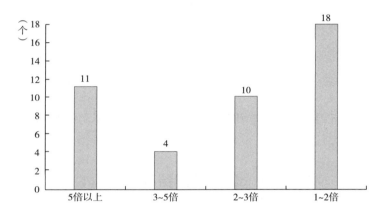

图 8 - 4　低丘缓坡项目区与坝区单位土地平整费不同倍数级项目区数量

单位基础设施建设费在土地开发费用中所占比例最大，
但低丘缓坡项目区与坝区在基础设施投入方面都较大，低丘
缓坡项目区的平均单位基础设施建设费是坝区的 1.5 倍，两
者差距不如土地平整费显著，主要有以下两个方面的原因：
一方面，基础设施的计价单位为公里，而从基础设施的单位
价格来看，坝区与低丘缓坡区域差异不显著，但低丘缓坡区
域地形条件复杂，在相同面积下低丘缓坡区域的基础设施铺设
距离要显著大于坝区，一般是坝区的 1.5 ~ 3 倍；另一方面，
由于项目区的区位条件不同，有些项目区基础设施建设费要远
高于坝区（见图 8 - 5）。

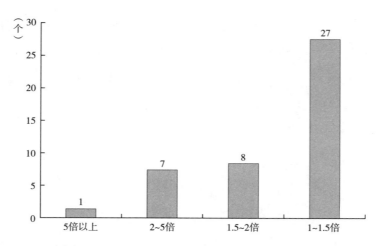

图 8-5　低丘缓坡项目区与坝区单位基础设施建设费不同倍数级项目区数量

第三节　防护工程费用的差异性

防护工程费一般包括地质灾害防治费、环境保护费和水土保持费，43 个典型项目区平均单位防护工程费为 18.64 万元/公顷（1.24 万元/亩），同区域坝区值为 9.49 万元/公顷（0.63 万元/亩），两者相差 9.15 万元/公顷（0.61 万元/亩）。其中，低丘缓坡项目区平均单位地质灾害防治费为 14.20 万元/公顷（0.95 万元/亩），同区域坝区值为 6.10 万元/公顷（0.41 万元/亩），两者相差 8.10 万元/公顷（0.54 万元/亩）；低丘缓坡项目区单位环境保护费为 2.70 万元/公顷（0.18 万元/亩），同区域坝区值为 2.12 万元/公顷（0.14 万元/亩），两者相差 0.58 万元/公顷（0.04 万元/亩）；低丘缓坡项目区单位水土保持费为 1.74 万元/公顷（0.12 万元/亩），同区域坝区值为

1.27 万元/公顷（0.08 万元/亩），两者相差 0.47 万元/公顷
（约 0.03 万元/亩），详见图 8 - 6。

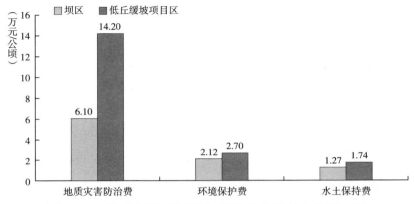

图 8 - 6　低丘缓坡项目区与坝区单位防护工程费对比

在防护工程费中，低丘缓坡项目区与坝区单位地质灾害防
治费差距相对较大，从平均水平来看低丘缓坡项目区是坝区的
2.33 倍，但由于项目区地质条件的不同，也有部分项目区的
单位地质灾害防治费远高于坝区（见图 8 - 7），同时，低丘缓
坡项目区的地质灾害防治费还将长期不断地投入。

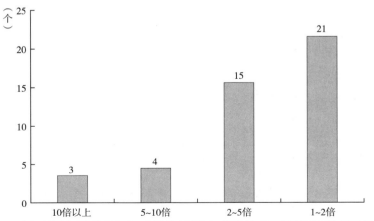

图 8 -7　低丘缓坡项目区与坝区单位地质灾害防治费不同倍数级项目区数量

第四节　总体差异性

低丘缓坡项目区与坝区的成本存在较大的差异性，43 个低丘缓坡典型项目区单位开发成本为 457.28 万元/公顷（30.49 万元/亩），同区域坝区单位开发成本为 677.84 万元/公顷（45.19 万元/亩），不计坝区耕地质量补偿费其值为 343.89 万元/公顷（22.93 万元/亩），可见如果不征收坝区耕地质量补偿费，坝区单位开发成本要低于低丘缓坡区域，两者相差 113.39 万元/公顷（7.56 万元/亩），在征收坝区耕地质量补偿费的前提下，坝区单位开发成本要高于低丘缓坡区域，两者相差 220.56 万元/公顷（14.70 万元/亩），详见图 8−8。可见坝区耕地质量补偿费的收取是调节新增建设用地布局的有效手段。

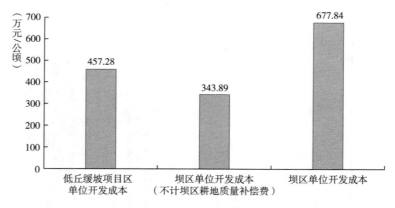

图 8−8　低丘缓坡项目区与坝区单位开发成本对比

由于城镇建设多集中在坝区，低丘缓坡项目区的建设开发基础相对薄弱，受到资金的制约，有些项目区动工规模不大，还不能完全体现项目区的开发成本，在 43 个低丘缓坡典型项目区中进一步筛选出项目区动工情况相对较好的 21 个典型项目区，以便进一步考察低丘缓坡项目区与坝区的成本差异，21个低丘缓坡典型项目区单位开发成本为 603.25 万元/公顷（40.22 万元/亩），坝区单位开发成本为 767.33 万元/公顷（51.16 万元/亩），两者相差 164.08 万元/公顷（10.94 万元/亩）。若不计坝区耕地质量补偿费，坝区单位开发成本为 415.24万元/公顷（27.68 万元/亩），比低丘缓坡区域单位开发成本低188.01 万元/公顷（约 12.53 万元/亩），详见图 8-9。

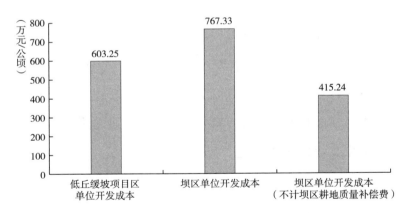

图 8-9　21 个典型低丘缓坡项目区与坝区单位开发成本对比

在 47 个典型项目区中，建设规模在 400 公顷以上的项目区仅有 2 个，建设规模在 200 公顷以上的项目区仅有 6 个，由于初期建设规模相对不大，建设时一般都会选择开发难度相对

较低的区域，故而这些数据不能全面反映低丘缓坡区域的土地
建设开发成本问题，例如场地平整费，根据第四章表 4 – 5 不
同坡度用地条件下土石方工程量比较可知，低丘缓坡区域场地
平整的土石方量一般是坝区 2 ~ 5 倍；在基础设施方面，布设
电、水、通信、燃气等线路一般都以道路为基础，而根据第四
章表 4 – 4 道路曲线长度与坡度关系可知，在建设规模基本相
当的情况下，低丘缓坡区域道路长度是坝区的 1.3 ~ 5 倍；同
时，地质灾害防治、环境治理与水土保持的费用，随着建设规
模的不断增加还将进一步加大，因而，随着全省低丘缓坡项目
区建设的进一步推开，低丘缓坡区域土地建设开发成本还将会
进一步提升，例如大理市下和、上登项目区建设规模较大，面
积为 1018.16 公顷，单位开发成本为 1102.17 万元/公顷
（73.48 万元/亩），曲靖市麒麟区金麟湾项目区建设规模为
431.07 公顷，单位开发成本为 693.80 万元/公顷（46.25 万元
/亩），可见在不断扩大项目区开发规模的过程中，需要开发
的高坡度区域面积将加大，基础设施配套难度也将加大，势必
造成土地开发建设成本的进一步提升。

第九章 低丘缓坡山地建设开发策略

第一节 合理的规划布局及适当的指标支持

由于低丘缓坡区域地形地貌条件相对复杂，生态与地质条件较脆弱，所以在开发前期要进行充分的开发建设适宜性论证及环境影响评价，并根据地形，选择最合理的规划方案，在减少生态扰动的情况下依山就势地进行开发。此外，由于低丘缓坡建设开发区域与城市建成区有一定的距离，且受地形因素限制，开发过程中交通、供水、供电、环卫等各类基础设施配套用地需求较大，且与坝区相比土地利用率较低，所以建议尊重实际情况，对开发建设区域的新增建设用地指标给予适当支持，并保障低丘缓坡开发利用的年度计划指标，以支持低丘缓坡土地综合开发利用工作顺利推进。

第二节 进一步研究合理的低丘缓坡建设控制指标

低丘缓坡区域特定的地形及自然生态条件，决定了开发建设时必须谨慎选择开发模式和建设方法，不同类型的建设项目对低丘缓坡建设开发的要求不同、对环境影响存在较大差异。低丘缓坡区域建设用地的平面组织、空间结构、绿地系统、道路交通等各项物质要素的规划布局，各类建筑物的布置与修建，都必须与自然地理环境相协调。所以对于适宜开发的区域，要在满足生态要求的环境容量基础上进行建设，优化自然生态资源配置，要进一步加强不同产业项目上山的用地标准及容积率、建筑密度、绿地率、建筑高度等开发强度、利用强度方面的研究，并针对上山后景观与生态融合等问题展开专题研究。

第三节　制定相应的税费减免政策

低丘缓坡项目区与坝区的成本存在较大的差异，以 21 个低丘缓坡典型项目区为样本进行对比可知，在不计坝区耕地质量补偿费的情况下，坝区单位开发成本要低于低丘缓坡区域，两者相差 188.01 万元/公顷（12.53 万元/亩），在计入坝区耕地质量补偿费的情况下，坝区单位开发成本要高于低丘缓坡区域，两者相差 164.08 万元/公顷（10.94 万元/亩）。但是全省多数地区长期的坝区发展，使坝区用地条件要优于低丘缓坡区域，如果缺少相应的用地税费减免政策，低丘缓坡区域的土地建设开发很难长期维持下去。本书建议从几下几方面开展低丘缓坡区域土地建设开发的税费减免政策。

第一，根据《关于取消、停征和免征一批行政事业性收费的通知》（财税〔2014〕101 号）的规定，在土地征收费用中取消征地管理费。根据《云南省计委、省财政厅关于调整征地管理费收费标准有关问题的通知》（云计价格〔2003〕46 号）中的规定：一次性征用耕地 35 公顷（含）以上，其他土地 70 公顷（含）以上的，征地管理费按不超过征地费总额的 2.1% 收取；征用耕地 35 公顷以下，其他土地 70 公顷以下的，征地管理费按不超过征地费总额的 2.8% 收取；划拨国有土地的，按划拨国有土地的总面积计收征地管理费，标准为 1.5 元/平方米。取消征地管理费可以有效降低土地征收成本 2%～3%。

第二，降低土地挂牌费用。在土地挂牌出让时缴纳的土地储备管理费、失地农民保障基金、农田水利建设基金、农业土地开发基金、保障性住房基金、教育基金等相关的计提基金可占到出让价格的 30%～40%，对低丘缓坡区域，特别是工业建设类型项目区而言，这客观地推动了出让价格的提升，十分不利于低丘缓坡区域工业用地的出让。考虑到低丘缓坡区域的实际，对于不同类型项目区，特别是工业建设类型项目区，减免相关的计提基金，可有效降低其出让价格。

第四节　完善财政补贴体系

低丘缓坡项目实施以来，通过各级政府的努力，保护坝区农田、建设山地城镇工作取得了显著成效，但推进速度过缓，其主要原因是资金短缺，资金问题目前已经成为制约云南省低丘缓坡项目区开发的主要原因，32 个县（市、区）的 47 个典型项目区一期批准建设规模的总投资为 346.71 亿元，32 个县（市、区）的地方财政收入为 228.66 亿元，项目区一期批准建设规模的总投资是地方财政收入的 1.52 倍。由图 9-1 可知，项目区投资规模与地方财政收入比例在 50% 以上的项目区有 26 个，占到典型项目区数量的一半以上，比例在 20% 以下项目区仅有 5 个，但最低的比例也在 10% 以上，由此可见要稳步有序地推进低丘缓坡项目区的建设，须尽快解决资金短缺的问题。

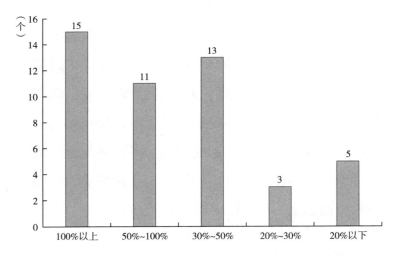

图 9-1　项目区投资规模与地方财政收入比例等级项目区数量

同时，在 24 个工业建设类型的低丘缓坡项目区中，低丘缓坡项目区平均单位开发成本是工业最低出让价的 3.84 倍，

最高的达到 8.7 倍，最低的也为 1.4 倍，这使得工业建设类型
项目区在土地出让时存在倒挂的情况，土地出让金不抵土地建
设开发成本，为了减轻还贷的压力，只好以相当数量的企业税
收来冲抵还贷，而企业入驻情况不好和入驻企业税收较少的项
目区，难以承担过大的建设成本压力，只有依靠财政补贴才能
保证项目的建设。工业建设类型项目区单位开发成本与工业最
低出让价比例项目区数量如图 9 - 2 所示。

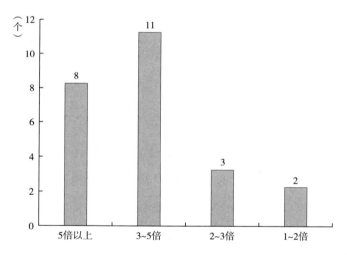

图 9 - 2 工业建设类型项目区单位开发成本与
工业最低出让价比例项目区数量

目前为缓解低丘缓坡项目区土地开发资金不足的问题，云
南省国土资源厅按照《云南省坝区耕地质量补偿费征收使用
管理办法（试行）》（云国土资〔2012〕49 号）要求，通过收
取坝区耕地质量补偿费以补助低丘缓坡项目区基础设施建设费
和场地平整费，并制定了相应的云南省低丘缓坡项目开发资金

补助类别评价指标体系。根据影响低丘缓坡项目区土地建设成本因素的分析结果，结合云南省低丘缓坡项目开发资金补助类别评价指标体系，可进一步完善和细化云南省低丘缓坡项目开发资金补助体系：首先，地方社会经济发展情况的优劣关系到项目区的资金支持与社会经济支撑，根据地区社会经济发展情况，构建各县（市、区）低丘缓坡项目开发资金补助社会经济支撑评价体系，以县（市、区）为单元，系统分析和评价各地区低丘缓坡土地建设开发的社会经济支撑情况，详见表9-1和表9-2；其次，构建项目区建设开发难易程度评价体系，详见表9-3，项目区开发的难易程度直接关系到成本的高低，是财政补贴的主要依据；再次，构建项目区建设开发成效评价体系，详见表9-4；最后，根据各县（市、区）低丘缓坡项目开发资金补助社会经济支撑评价分类表确定补贴的不同等级，在此基础上，根据低丘缓坡土地建设开发项目区难易程度评价确定不同开发难易程度区域的财政补贴数额，财政补贴初期下拨总数额的60%，剩余的40%根据项目区建设开发成效评价结果，分期补贴给项目区，这就将财政补贴与地方社会经济发展水平、项目区难易程度和项目区建设开发成效统筹协调起来。

表9-1 各县（市、区）低丘缓坡项目开发资金补助社会经济支撑评价体系

指标	评价标准
GDP（0.2）	数据标准化为 $a'_{ij} = \dfrac{a_{max} - a_{ij}}{a_{max} - a_{min}}$，标准化数据属于 [0.95，1.00] 为100分，[0.90，0.95) 为90分，[0.80，0.90) 为80分，[0.70，0.80) 为70分，[0.40，0.70) 为60分，<0.40 为50分

续表

指标	评价标准
地方财政收入（0.3）	数据标准化为 $a_{ij}' = \dfrac{a_{max} - a_{ij}}{a_{max} - a_{min}}$ ，标准化数据属于［0.95，1.00］为 100 分，［0.90，0.95）为 90 分，［0.80，0.90）为 80 分，［0.70，0.80）为 70 分，［0.40，0.70）为 60 分，<0.40 为 50 分
第二产业和第三产业比重（0.1）	≥95.0% 为 100 分，［85.0%，95.0%）为 90 分，［75.0%，85.0%）为 80 分，［65.0%，75.0%）为 70 分，<65.0% 为 60 分
工业用地最低出让价（0.3）	60 元/平方米为 100 分，84 元/平方米为 90 分，96 元/平方米为 80 分，120～144 元/平方米为 70 分，168～252 元/平方米为 60 分，336～384 元/平方米为 50 分
城镇化率（0.1）	≥90.0% 为 100 分，［50.0%，90.0%）为 90 分，［30.0%，50.0%）为 80 分，［20.0%，30.0%）为 70 分，<20.0% 为 60 分

根据表 9 - 1 可以得出全省 129 个县（市、区）低丘缓坡项目开发资金补助社会经济支撑评价的分值，根据分值情况，将全省 129 个县（市、区）可划分为 4 个补贴等级，详见表 9 - 2。

表 9 - 2　各县（市、区）低丘缓坡项目开发资金补助社会经济支撑评价分类

不同补贴等级	县（市、区）	措施
一类补贴区	泸水县、维西县、剑川县、云龙县、漾濞县、沧源县、永善县、梁河县、双江县、大关县、贡山县、西盟县、德钦县、孟连县、鲁甸县、威信县、盐津县、福贡县、宁洱县、江城县、陇川县、永平县、马龙县、镇沅县、鹤庆县、镇康县、洱源县、绥江县、金平县、宁蒗县、华坪县、砚山县、香格里拉县、牟定县、麻栗坡县、永胜县、南涧县、	加大补贴力度，给予资金与新增建设用地指标的支持

续表

不同补贴等级	县（市、区）	措施
	永德县、巍山县、弥渡县、元谋县、易门县、西畴县、施甸县、彝良县、巧家县、红河县、元阳县、水富县、云县、永仁县、富宁县、姚安县、富民县、双柏县、澜沧县、墨江县、龙陵县、绿春县	
二类补贴区	景谷县、耿马县、大姚县、元江县、广南县、峨山县、华宁县、马关县、泸西县、丘北县、兰坪县、凤庆县、景东县、南华县、盈江县、勐海县、武定县、屏边县、临翔区、通海县、勐腊县、宾川县、澄江县、河口县、镇雄县、思茅区、蒙自市、江川县、石屏县、嵩明县、昌宁县、禄丰县、建水县、沾益县、玉龙县、文山市、瑞丽市、陆良县、罗平县、祥云县、古城区、芒市、师宗县、会泽县、寻甸县、禄劝县、新平县、开远市、呈贡区、弥勒县、宜良县、昭阳区、宣威市、石林县	适度加大补贴力度，适度给予资金与新增建设用地指标的支持
三类补贴区	景洪市、东川区、晋宁县、富源县、腾冲县、隆阳区、个旧市、楚雄市、大理市	给予新增建设用地指标的支持，根据情况给予适度资金支持
四类补贴区	麒麟区、安宁市、红塔区、盘龙区、西山区、五华区、官渡区	给予新增建设用地指标的支持

根据表9－2可知，全省129个县（市、区）可划分为4个不同的补贴等级，在确定低丘缓坡项目区的财政补贴时，可

将项目区开发难易程度与各县（市、区）低丘缓坡项目开发资金补助社会经济支撑等级相结合，同时考虑项目区实际建设成效与项目区建设类型，合理确定不同项目区的补贴资金情况。

同时，为了进一步完善低丘缓坡项目的财政补贴体系，可以采取阶段补贴模式，将项目区开发难易程度与各县（市、区）低丘缓坡项目开发资金补助社会经济支撑等级相结合作为第一阶段发放补贴资金的依据，在之后的阶段再加入项目区实际建设成效的评价结果作为下一步发放补贴资金的依据，这样既可以对项目区的基础建设给予一定的补贴，又可以避免项目区的盲目扩张。

表 9 – 3　低丘缓坡项目区土地建设开发难易程度评价体系

一级指标	二级指标	量化标准
坡度（0.3）	0°~8°	40
	8°~15°	60
	15°~25°	80
	25°以上	100
占地类型（0.2）	耕地	90
	园地	80
	林地	60
	城乡建设用地	100
	其他用地	40
与城镇距离（0.1）		根据项目区与城镇的距离进行数据标准化： $$a_{ij}' = \frac{a_{max} - a_{ij}}{a_{max} - a_{min}} \times 100$$

续表

一级指标	二级指标	量化标准
相对高差 (0.15)		根据项目区高差情况进行数据标准化： $$a_{ij}' = \frac{a_{ij} - a_{\min}}{a_{\max} - a_{\min}} \times 100$$
建设类型 (0.1)	工业开发	100
	城镇开发	80
	综合开发	90/60（工业城镇综合类为90，城镇旅游综合类为60）
	旅游开发	40
新增建设用地规模 (0.1)	≥180	100
	[120, 180)	80
	[60, 120)	60
	<60	40
地灾情况 (0.05)		根据实施方案的描述，结合预算报告中地质灾害防护费的投入以及每公顷用地投入的情况，划分为高（≥40为100）、较高 {[20, 40) 为80}、中 {[6, 20) 为60}、低（<6为40）

表 9-4　项目区建设开发成效评价体系

一级指标	二级指标
建设成效	动工情况
	用地报批情况
	项目入驻情况
	供地情况
	投资强度
	投入产出情况

第五节　注重开发的规划设计

从典型项目区来看，低丘缓坡项目区平均土地平整费为106.77万元/公顷（7.12万元/亩），坝区为43.27万元/公顷（2.88万元/亩），低丘缓坡项目区平均土地平整费是坝区的2倍多，有些项目区土地平整费甚至是坝区的几十甚至上百倍。这主要由于低丘缓坡项目区坡度变化较大，相对高差一般都在100米以上，土地利用类型较多，开发利用难度远大于坝区，同时，多数项目区在中山地区，地面坡度大、生态环境复杂、建设成本高，土地开发设计的复杂程度也较高。

从降低土地平整费和生态保护角度来看，选择用地时要注意用地的土壤、地形条件对建筑物、道路等工程造价的影响，考虑用地工程准备的复杂程度。①用地坡度不要过陡、过高，坡度宜在30°以下，相邻各地块用地高差不宜大于100米。②交通、水、电、污水处理是山地开发必须考虑的重要因素，要估计用地内外各种道路、管线的线路长短以及桥涵设施的数量及大小，供水、排水、污水处理的可能性与投资、经营费用。③要估计用地内土石方的开发量，考虑能否经济地处理土石方、能否就地取材。④开发强度的大小要根据地形坡度来确定，建设用地斜坡保留地控制比例如表9-5所示，通过合理的规划设计可以减少土地开发成本、降低生态风险。⑤要以各种坡地的利用评价为依据开展相应的规划设计，详见表9-6。

⑥重视近期要开发地区的工程准备和基础设施建设等投资需求量。

表9-5 建设用地斜坡保留地控制比例

单位:%

平均坡度	每块土地之保留地控制比例
10°	32
15°	36
20°	45
25°	57
30°	72
35°	90
40°	100

资料来源:卢济威《山地建筑设计》,中国建筑工业出版社,2006。

表9-6 各种坡地的利用评价

地形坡度	≥30°	10°~30°	5°~10°
城镇居住环境	生存环境差,适宜散居或旅游观光等短时生活	可散居或规模集居	生存条件较好
接地条件	接地条件差,可利用局部少量场地	接地形式多样,场地空间在合理规划设计的前提下,可适应各种居住环境要求	
工程技术	工程措施服从当地环境,不应大开大挖	采用适地性工程措施,可充分发挥土地资源潜力,满足用地功能要求,节地性好	
社会、经济、环境效益	以社会及环境效益为主,不能追求直接经济效益	注重综合效益,可不占或少占良田好地,能可持续发展	
历史文化	人类活动少的古今文明宝库	历史文化资源积淀区	

续表

地形坡度	≥30°	10°～30°	5°～10°
交通运输	人流、物流流动性差，通达性差	人流、物流流动性较好，通达性较好	
可持续发展	保护原生态，避免破坏性发展	适度开发利用，开发与环保并重	
灾害影响	自然地质灾害发生因素多，安全影响大	自然地质灾害因素不多，要重视工程安全	

资料来源：徐思淑、徐坚编著《山地城镇规划设计理论与实践》，中国建筑工业出版社，2012。

　　同时，有些项目区追求地块的完整平坦和道路的宽敞平直，采用先进的机械化工具，进行"三通一平"或"七通一平"，挖山填沟，平场造地，由此便产生了以"大填大挖"为基本特征的场地平整模式。现代化高科技产业园区，不论是从功能上，还是从园区形象上，对场地平整度都有相当高的要求。这种场地平整模式在一定程度上改善了投资环境，在引进项目、吸纳外资、发展高新技术以及发挥窗口和基地的功能等方面起到一定的推动作用。但是有些地区在场地平整前，并未对该地段地形条件及相关生态条件进行必要的分析和研究，在土地平整过程中，对自然地形采取过于简单的"大填大挖"方式，忽视了对敏感的自然生态环境的保育和补偿，不仅造成经济成本高，而且十分不利于项目区及周边生态环境的保护。

第六节　以项目支撑低丘缓坡山地的开发

低丘缓坡典型项目区土地开发费平均较坝区要高出 125.37 万元/公顷 （8.36 万元/亩），其中土地平整费与基础设施建设费较坝区高出较多，而针对低丘缓坡区域地形地貌与生态环境的特殊性，要转变已有的"筑巢引凤"观念：一方面，针对低丘缓坡项目区的特殊性，可以采取生地出让的方式，由企业按照需要自行设计开发，但要严格审查规划设计所用的材料，限制生态用地的开发；另一方面，邀请企业全程参与低丘缓坡项目区土地的开发，按照企业要求，开发项目区土地，此外还可以根据地区发展情况进行工业园区坝改坡的迁移，根据园区企业的工艺流程合理设计低丘缓坡项目区的土地开发方案。同时，要有对应的项目做支撑，根据项目的用地要求来选择合适的低丘缓坡区域进行开发，可以根据不同项目的具体用地要求合理调整低丘缓坡项目区的开发范围与开发强度，增加开发的针对性。此外，相应的供排水、电力、交通等基础设施也可以根据项目的实际需要进行规划与设计，这样可以有效减少项目区开发成本，提高项目区土地利用效率。

第七节　创新土地管理制度

低丘缓坡土地的建设开发不同于通常的单独选址与批次用

地，其开发周期比较长，项目区规模比较大，新增建设用地量较多，一次性完成整个项目区新增建设用地的征转很难在实际中实现，同时，项目区从前期开发到可以实现供地，存在一定的时滞性，按照《土地管理法》规定，土地征收、转用后要求当年供地率必须达到50%，这对低丘缓坡项目区来说实现难度也很大。更为重要的是新增建设用地指标的问题，各地区新增建设用地规划指标和年度计划指标都十分有限，并没有多余的指标安排在低丘缓坡项目区，并且低丘缓坡项目区相对坝区较低的土地利用率也造成低丘缓坡项目区征转、供地、指标落实等土地管理相对复杂、用地相对困难的情况。为有效保障低丘缓坡项目区土地的建设开发，提高低丘缓坡区域的土地利用水平，提高地方开展低丘缓坡土地综合开发的积极性，降低低丘缓坡项目区开发成本，提升其土地利用效率，须针对低丘缓坡项目区土地建设开发的特殊性，完善与创新土地管理机制。

一　研究制定低丘缓坡项目区的征转分离机制

由于低丘缓坡项目区建设开发初期场地平整和基础设施建设所涉及的面积较大，一次性报批难度相当大而且供地率也很难能达到《土地管理法》的规定，针对现在有一些省份与地区已经开始实行的征转分离管理方法，低丘缓坡项目区建设开发也可以通过征转分离的方式来开展。即低丘缓坡项目区建设开发在统一规划、分期开发原则的指导下，将整个区域内全部的土地先行办理相应的地质灾害危险性评估、环境影响评价、水土保持评价和林地征收许可等相关手续并做好相关的安置与补偿工作，对于涉及占用耕地的依法落实耕地的占补平衡任务。在完成土地征收的工作后再依据项目分期建设进度的要求，办理相应的农用地转用手续。办理供地手续前核定该期低丘缓坡项目区新增建设用地计划指标。对于低丘缓坡项目区内保留的一部分原有的地貌景观和生态保护用地，可以不再办理农用地转用审批手续，只办土地征收手续。应在充分调研的基础上，尽快出台关于落实低丘缓坡项目区建设开发征转分离管理的具体实施细则，具体指导低丘缓坡项目区的建设开发，同时对符合国家产业政策、供地政策的急需建设的重点项目区也可以按照单独选址项目报批的方式一并上报征、转、供用地手续。

二　低丘缓坡项目区用地指标保障机制

研究对低丘缓坡项目区新增建设用地计划指标进行单列保障的机制，核定一定量的新增建设用地指标专门用于低丘缓坡项目区用地的开发。这部分指标可以是省级部门在年初分解下达土地利用年度计划指标时，根据低丘缓坡项目区开发建设的进展和实际需要，专门安排的用于低丘缓坡项目区建设开发的一部分建设用地计划指标。同时国土资源部也需要下达一部分指标专门用于低丘缓坡项目区建设开发，并且该部分指标不列入云南省当年正常下达的计划指标，专项下达，专项考核。低丘缓坡项目区用地指标不占用下达的正常新增建设用地计划指标，一方面可以有效减轻地方低丘缓坡项目区建设开发指标不足的压力，避免地方重新调整规划，降低低丘缓坡项目区运行成本；另一方面，通过计划指标的单列还能在一定程度上总体控制与安排低丘缓坡项目区开发的进度与时序，对云南省的宜建低丘缓坡土地资源进行统筹安排，也便于专项考核。这方面可借鉴城乡建设用地增减挂钩管理办法，制定完善的低丘缓坡项目建设开发管理相关政策措施。

三　差别化管理机制

对于利用低丘缓坡资源进行开发建设的项目，要研究制定简化其用地报批手续的相关办法，尽量缩短审批的周期，允许低丘缓坡项目在办理用地手续时可以用征转分离的方式分批次办理，允许对项目区内场地平整与基础设施建设占用的新增建设用地指标分阶段进行考核，比如，可以参照城乡建设用地增减挂钩管理办法，在一段时期内给项目区新增建设用地指标用于场地平整与基础设施建设，到期考核，如果到考核期结束时，项目区供地率低于一定比例，不但核减下一考核期的低丘缓坡区域新增建设用地指标，而且进行行政问责。

同时，还要出台低丘缓坡项目区建设开发的财政扶持政策，一是通过减免一定比例的土地出让金及相关税费的方式降低低丘缓坡项目区建设开发费用；二是构建完善的财政补贴体系，根据低丘缓坡项目区建设开发难易程度、项目区所在县

（市、区）社会经济支撑情况以及项目区企业入驻情况、项目区开发类型等因素，核定财政补贴标准；三是对入驻低丘缓坡项目区的企业给予一定的优惠待遇，鼓励企业多用低丘缓坡项目区的土地。

第八节　以建设开发带动综合开发

云南省低丘缓坡土地资源丰富，虽然可以用于建设开发的土地资源有限，但其在低丘缓坡区域中发挥的作用十分巨大，云南省低丘缓坡土地资源丰富，综合开发潜力大，自然条件多样，具有综合开发利用的优势。同时，云南省低丘缓坡土地资源综合开发区可划分为城市经济圈低丘缓坡土地资源综合开发区、城镇经济带低丘缓坡土地资源综合开发区、社会经济限制型低丘缓坡土地资源综合开发区以及生态经济制约型低丘缓坡土地资源综合开发区四个一级区域。由此可见全省低丘缓坡土地资源开发的战略将以低丘缓坡土地建设开发为核心，带动周边低丘缓坡土地资源的综合开发，逐渐实现低丘缓坡土地资源的全面综合开发。在低丘缓坡土地建设开发过程中要强化项目区与周边低丘缓坡土地资源的综合开发，一方面，可以在低丘缓坡区域形成加工与原料产地相统一的开发模式，城镇建设类型的低丘缓坡土地开发，可以形成自然景观与建筑相结合的模式，旅游开发与自然景观营造、生态保护相结合的模式等，通过低丘缓坡区域内的建设开发，带动周边区域的综合开发，全面提升低丘缓坡土地利用水平和地区社会经济的发展水平；另一方面，将低丘缓坡区域进行整体规划，开展综合开发，可以有效整合土地开发与土地整治资金，拓展基础设施服务的广度和深度，提升基础设施利用水平，全面提升低丘缓坡项目区的土地利用水平，实现区域综合开发与生态环境保护的协同。

参考文献

[1] Villeneuve, A. , Castelein, M. A. , Mekouar, *Mountains and the Law – Emerging Trends* (Food and Agriculture Organization of the United Nations, 2002).

[2] 克罗基乌斯:《城市与地形》,钱治国等译,中国建筑工业出版社,1982。

[3] Ellingson, L. J. , Seidl, A. F. , Loomis, J . B. , "Comparing Tourists' Behavior and Values of Land Use Changes: A Focus on Ranch Land Open Space in Colorado," *Journal of Environmental Planning and Management* 54 (2011).

[4] Broadbent, E. N. , Zambrano, A. M. A, Dirzo , R. , et al. , "The Effect of Land Use Change and Ecotourism on Biodiversity: A Case Study of Manuel Antonio, Costa Rica, from 1985 to 2008," *Landscape Ecology* 27 (2012).

[5] Tyrvainen, L. , Uusitalo, M. , Silvennoinen, H. , Hasu, E. , "Towards Sustainable Growth in Nature – Based Tourism Destinations: Clients' Views of Land Use Options in Finnish

Lapland," *Landscape and Urban Planning* 122（2014）.

[6] Ariza, C., Maselli, D., Kohler, T., *Mountains：Our Life, Our Future – Progress and Perspectives on Sustainable Mountain Development*（the Centre for Development and Environment of the University of Bern，2013）.

[7] 丁锡祉、郑远昌：《初论山地学》，《山地研究》1986 年第 3 期。

[8] 丁锡祉、郑远昌：《再论山地学》，《山地学报》1996 年第 2 期。

[9] 唐璞：《山地住宅建筑》，科学出版社，1994。

[10] 卢济威、王海松：《山地建筑设计》，中国建筑工业出版社，2001。

[11] 黄光宇：《山地城市学原理》，中国建筑工业出版社，2006。

[12] 徐坚：《山地城镇生态适应性城市设计》，中国建筑工业出版社，2008。

[13] 王中德：《西南山地城市公共空间规划设计适应性理论与方法研究》，东南大学出版社，2011。

[14] 徐思淑、徐坚编著《山地城镇规划设计理论与实践》，中国建筑工业出版社，2012。

[15] 左进：《山地城市设计防灾控制理论与策略研究：以西南地区为例》，东南大学出版社，2012。

[16] 宗轩：《图说山地建筑设计》，同济大学出版社，2013。

[17] 王学海：《云南山地城镇规划探索》，云南科技出版社，2012。

[18] 张斌：《在依山就势中错落有致——坡地建筑设计要点解析》，《决策情报》2006 年第 69 期。

[19] 郑丽、李泽新：《山地城市道路规划与景观探析——以重庆市云阳新县城中心城区道路规划设计为例》，《重庆建筑》2006 年第 2 期。

[20] 谢正鼎：《山地城市道路交通系统规划问题的思考》，《重庆建筑大学学报》1998 年第 3 期。

[21] 李英民、李宏兵、武鑫、王贵珍、刘露、刘立平：《山地城市地下空间综合节地技术示范及研究》，《重庆建筑》2010 年第 9 期。

[22] 吕文捷、杨进、李娟：《山地城市控制性详细规划编制模式的创新与实践探索》，《城市道桥与防洪》2009 年第 11 期。

[23] 潘小多、刘勇、邓天阳：《一种基于数字高程模型的道路填挖方边坡自动解析算法》，《兰州大学学报》2002 年第 1 期。

[24] 刘芸：《山地城市坡地开发强度研究》，硕士学位论文，中国科学院成都山地灾害与环境研究所，1997。

[25] 蒋翌帆：《基于 GIS 云南省高山地区土地适宜性评价——以澜沧县为例》，硕士学位论文，昆明理工大学，2009。

[26] 周潮、南晓娜：《基于 GIS 的山地城市建设用地适宜性

评价研究——以岚皋县中心城区为例》，《天津城市建设学院学报》2011 年第 2 期。

[27] 孙晓莉：《基于 GIS 的低丘缓坡建设用地适宜性评价》，《贵州大学学报》（自然科学版），2013 年第 2 期。

[28] 李萍：《基于"反规划"理念的低丘缓坡建设用地选址与评价研究——以宁蒗县大兴镇为例》，硕士学位论文，昆明理工大学，2013。

[29] 杨宁：《基于 GIS 的临安市低丘缓坡资源调查与评价研究》，硕士学位论文，浙江大学，2014。

[30] 庞悦：《基于 GIS 低丘缓坡土地资源开发利用评价研究》，硕士学位论文，中国地质大学，2014。

[31] 吴强、景美清、贾正雷：《低丘缓坡土地资源开发利用适宜性评价研究——以广东省丰顺县为例》，《广东土地科学》2014 年第 2 期。

[32] 张雅杰、刘小芳、崔晶：《基于生态足迹的低丘缓坡土地开发环境影响评价——以湖北省松滋市为例》，《国土资源科技管理》2014 年第 3 期。

[33] 深圳中海地产有限公司：《山地建筑项目工程总结》，2008。

[34]《城市用地竖向规划规范》（GJJ83 - 99）。

[35]《城市道路设计规范》（CJJ 37 - 90）。

[36]《公路路线设计规范》（JTG D20 - 2006）。

[37]《城市居住区规划设计规范》（GB50180 - 93）。

[38]《城市工程管线综合规划规范》(GB50289 – 2016)。

[39] 施秩秩:《DEA 方法与 Tobit 模型相结合的工业用地效率研究——基于浙江省的实证》,硕士学位论文,浙江大学,2009。

[40] 吴尘、李红、王冬艳、菲菲、付强:《基于 DEA 分析和样点调查的工业企业用地效率研究》,《安徽农业科学》2013 年第 29 期。

[41] 郭贯成、熊强:《城市工业用地效率区域差异及影响因素研究》,《中国土地科学》2014 年第 4 期。

[42] 王贺封、石忆邵、尹昌应:《基于 DEA 模型和 Malmquist 生产率指数的上海市开发区用地效率及其变化》,《地理研究》2014 年第 9 期。

[43] 陈伟、彭建超、吴群:《基于容积率指数和单要素 DEA 方法的工业用地利用效率区域差异研究》,《自然资源学报》2015 年第 6 期。

[44] 谢花楼、王伟、姚冠荣、刘志飞:《中国主要经济区城市工业用地效率的时空差异和收敛性分析》,《地理学报》2015 年第 8 期。

[45] 庞蕾:《黄土沟壑地区城市山地开发技术经济分析》,硕士学位论文,长安大学,2010。

[46] 颜廷生:《浅谈山地建设中的成本造价控制》,《会计师》2011 年第 2 期。

[47] 贾明:《延安黄土梁峁地区山地住宅开发关键问题研

究》，硕士学位论文，长安大学，2011。

[48] 李兆滋：《土地一级开发存在的问题与发展方向——以北京市为例》，《中国土地》2003 年第 3 期。

[49] 周文国：《土地一级开发若干问题探讨》，《开发研究》2005 年第 1 期。

[50] 刘明皓、邱道持：《土地储备成本控制方法研究》，《中国农学通报》2007 年第 9 期。

[51] 刘保奎、冯长春：《我国城市土地一级开发的产生、发展与内涵》，《中国房地产》2007 年第 8 期。

[52] 王继东：《土地综合开发动态成本控制系统的分析和设计》，硕士学位论文，山东大学，2009。

[53] 左娜：《城市土地储备规模及成本问题研究》，硕士学位论文，华东师范大学，2010。

[54] 邹秀清、管莹：《浅析城市土地开发过程中的建设成本控制》，《财政监督》2011 年第 35 期。

[55] 黄海英：《城市基础设施利用土地储备融资成本控制研究》，硕士学位论文，华中科技大学，2012。

[56] 叶婷婷、谢丽萍：《土地一级开发成本核算问题探讨》，《价值工程》2013 年第 18 期。

[57] 赵世臣：《土地一级开发成本管理研究——以北京市为例》，硕士学位论文，首都经贸大学，2014。

[58] 吴红梅：《土地前期开发成本控制》，同济大学出版社，2014。

［59］ 岳井峰:《房地产开发项目土地开发成本估算应用研究》,《价值工程》2015 年第 3 期。

［60］ 费麟:《建筑设计资料集 6》, 中国建筑工业出版社, 1994。

［61］ 黄巧华:《国外城市地貌研究综述》,《福建地理》2000 年第 3 期。

［62］ 李陇堂:《影响宁夏城市（镇）形成和分布的地貌因素》,《宁夏大学学报》（自然科学版）1999 年第 2 期。

［63］ 周万村:《三峡库区土地自然坡度和高程对经济发展的影响》,《长江流域资源与环境》2001 年第 1 期。

［64］ Laird, R. T. , Cornell, C. A. , "Quantitative Land – Capability Analysis Professional Paper of USGS," USGS, 1979.

附表：云南省低丘缓坡山地开发利用统筹分区指标

行政区	GDP（亿元）	第二产业和第三产业比重（%）	城镇化率（%）	地方财政收入（亿元）	固定资产投资（亿元）	交通道路密度	人均耕地面积（公顷/人）	低丘缓坡土地资源总量（万公顷）	坡度8°~15°比例（%）	未利用土地（万公顷）	适宜建设面积（万公顷）
五 华 区	730.42	99.74	96.70	30.49	377.20	0.30	0.08	1.91	53.10	0.21	0.48
盘 龙 区	371.87	99.42	94.50	27.20	269.33	0.28	0.06	1.59	68.01	0.17	0.26
官 渡 区	674.23	98.80	91.10	37.78	488.31	0.33	0.18	1.28	61.93	0.05	0.08
西 山 区	354.00	99.08	93.60	26.64	332.15	0.07	0.15	4.05	42.78	0.35	0.81
东 川 区	70.10	93.57	36.00	6.79	61.43	0.27	1.80	4.64	20.56	1.55	0.23
呈 贡 区	107.22	94.57	59.20	9.07	206.27	0.30	0.39	1.01	70.03	0.13	0.24

续表

行政区	GDP（亿元）	第二产业和第三产业比重（%）	城镇化率（%）	地方财政收入（亿元）	固定资产投资（亿元）	交通道路密度	人均耕地面积（公顷/人）	低丘缓坡土地资源总量（万公顷）	坡度8°~15°比例（%）	未利用土地（万公顷）	适宜建设面积（万公顷）
晋宁县	84.52	80.77	27.60	11.01	86.10	0.18	1.38	6.46	50.15	1.22	0.42
富民县	42.32	80.86	22.90	3.43	24.54	0.21	1.77	6.13	39.84	0.61	0.68
宜良县	132.16	71.93	30.70	5.60	59.03	0.18	1.85	8.47	44.44	0.50	0.20
石林县	56.81	74.37	30.50	6.15	77.89	0.15	3.53	2.63	69.43	0.14	0.05
嵩明县	65.82	81.48	25.80	7.39	93.56	0.22	1.98	5.38	55.82	0.75	0.10
禄劝县	49.74	67.83	10.80	4.87	64.64	0.16	2.15	19.89	34.74	2.52	1.23
寻甸县	56.95	70.96	17.10	5.93	60.42	0.20	3.37	18.30	50.90	2.03	1.11
安宁市	213.10	95.08	65.30	24.03	145.04	0.25	0.85	5.59	46.05	0.16	0.52
麒麟区	428.97	95.74	65.50	16.81	232.99	0.35	1.04	3.44	84.06	0.24	0.36
马龙县	31.72	77.84	25.00	3.52	30.40	0.19	3.26	4.40	81.75	0.52	0.15
陆良县	131.86	67.16	35.10	5.42	58.92	0.26	1.84	3.39	77.70	0.26	0.08
师宗县	75.12	59.61	28.60	4.40	49.65	0.23	2.97	12.38	39.53	1.16	0.96
罗平县	115.56	72.87	33.90	5.08	42.90	0.15	2.02	13.66	46.58	3.74	1.50

续表

行政区	GDP（亿元）	第二产业和第三产业比重（%）	城镇化率（%）	地方财政收入（亿元）	固定资产投资（亿元）	交通道路密度	人均耕地面积（公顷/人）	低丘缓坡土地资源总量（万公顷）	坡度8°~15°比例（%）	未利用土地（万公顷）	适宜建设面积（万公顷）
富源县	147.17	81.31	27.40	12.45	102.34	0.10	2.32	15.06	64.24	1.48	1.73
会泽县	130.98	74.67	25.80	8.00	67.77	0.17	2.15	30.34	40.78	5.16	2.72
沾益县	132.16	77.29	34.80	6.97	98.59	0.10	2.59	6.22	83.35	0.25	0.22
宣威市	205.96	78.55	34.10	12.50	146.00	0.15	2.25	29.03	57.74	2.65	2.04
红塔区	562.95	97.87	56.90	13.21	105.40	0.31	0.52	4.78	45.65	0.08	2.04
江川县	48.69	74.53	33.10	3.54	25.54	0.20	1.13	2.92	65.04	0.20	0.57
澄江县	51.13	84.26	33.10	3.88	29.10	0.19	1.46	3.13	45.46	0.54	0.82
通海县	65.94	81.57	39.60	3.54	18.53	0.47	0.92	3.50	47.03	0.08	0.69
华宁县	47.04	72.53	33.10	2.51	12.32	0.21	2.39	7.35	34.67	0.81	1.63
易门县	44.29	80.92	31.00	3.34	16.92	0.32	1.96	7.84	23.48	0.94	1.7
峨山县	43.94	83.52	35.60	3.56	25.52	0.23	2.20	11.92	39.18	0.49	1.58
新平县	84.82	86.30	27.60	8.32	36.42	0.15	3.01	21.66	24.56	1.54	2.76
元江县	43.14	70.14	26.40	2.55	17.38	0.16	2.84	11.76	17.61	1.50	1.72

续表

行政区	GDP（亿元）	第二产业和第三产业比重（%）	城镇化率（%）	地方财政收入（亿元）	固定资产投资（亿元）	交通道路密度	人均耕地面积（公顷/人）	低丘缓坡土地资源总量（万公顷）	坡度8°~15°比例（%）	未利用土地（万公顷）	适宜建设面积（万公顷）
隆阳区	149.13	74.52	25.70	8.78	58.53	0.17	1.43	18.49	30.54	2.88	1.55
施甸县	34.01	64.10	15.60	2.29	11.58	0.29	2.25	8.33	35.73	1.00	1.27
腾冲县	105.05	76.00	23.40	12.10	102.12	0.17	1.91	29.01	33.92	1.06	2.40
龙陵县	42.81	66.55	15.60	2.67	31.58	0.27	2.46	15.06	41.49	0.36	1.51
昌宁县	57.91	59.97	22.00	5.21	18.82	0.30	3.03	20.59	25.29	0.37	1.96
昭阳区	170.44	88.07	30.50	7.71	67.54	0.33	1.43	8.09	51.42	2.15	0.24
鲁甸县	37.86	76.62	17.30	2.26	33.02	0.23	1.91	5.67	49.40	0.75	0.14
巧家县	41.30	61.04	14.00	1.72	25.09	0.29	2.17	11.18	38.35	2.23	0.33
盐津县	31.79	77.63	14.80	1.38	28.83	0.17	1.77	6.69	23.60	0.37	0.29
大关县	18.23	70.93	22.30	0.87	14.33	0.22	1.88	5.41	30.61	0.51	0.17
永善县	40.00	73.95	24.60	2.24	10.94	0.15	2.15	10.56	43.91	2.59	0.27
绥江县	17.77	81.49	21.40	2.20	28.90	0.22	1.39	3.00	16.44	0.15	0.31
镇雄县	82.40	76.75	20.10	5.10	51.29	0.21	1.58	16.41	38.87	0.28	0.69

续表

行政区		GDP（亿元）	第二产业和第三产业比重（%）	城镇化率（%）	地方财政收入（亿元）	固定资产投资（亿元）	交通道路密度	人均耕地面积（公顷/人）	低丘缓坡土地资源总量（万公顷）	坡度8°~15°比例（%）	未利用土地（万公顷）	适宜建设面积（万公顷）
彝良	县	46.13	65.79	15.00	2.20	34.06	0.19	2.22	12.12	37.98	0.26	0.42
威信	县	29.38	82.16	16.80	1.95	33.87	0.23	1.75	6.51	18.28	0.25	0.26
富水	县	37.37	95.26	32.00	2.16	12.52	0.22	1.13	1.63	44.91	0.09	0.17
古城	区	74.10	94.06	62.70	9.19	102.18	0.24	0.98	4.54	37.71	0.35	1.11
玉龙	县	33.36	74.43	8.40	4.51	51.25	0.16	3.15	21.69	23.83	1.58	1.41
永胜	县	44.78	72.09	23.60	2.87	22.29	0.11	2.24	20.47	32.24	4.14	2.61
华坪	县	38.37	86.66	36.20	5.25	25.31	0.14	2.13	11.89	33.07	1.98	1.95
宁蒗	县	22.45	72.96	14.10	1.87	33.14	0.11	3.72	27.84	22.73	2.95	1.27
思茅	区	77.16	88.48	61.70	7.10	131.23	0.01	1.03	26.51	34.44	0.74	0.95
宁洱	县	31.87	73.45	30.00	2.36	24.75	0.13	2.31	20.14	13.96	0.55	0.39
墨江	县	34.56	70.08	17.60	2.72	39.63	0.15	3.22	28.21	8.04	0.92	0.65
景东	县	43.38	57.15	29.80	3.05	11.09	0.20	2.32	21.89	9.28	1.23	0.65
景谷	县	61.50	62.21	34.60	4.28	27.18	0.10	3.55	46.29	20.77	0.54	0.31

续表

行政区	GDP（亿元）	第二产业和第三产业比重（%）	城镇化率（%）	地方财政收入（亿元）	固定资产投资（亿元）	交通道路密度	人均耕地面积（公顷/人）	低丘缓坡土地资源总量（万公顷）	坡度8°~15°比例（%）	未利用土地（万公顷）	适宜建设面积（万公顷）
镇沅县	28.99	54.09	24.80	2.26	9.01	0.14	3.98	22.79	10.68	0.61	0.35
江城县	20.09	62.22	29.20	1.09	16.17	0.13	2.43	19.45	19.84	1.44	0.18
孟连县	16.11	54.87	40.20	0.92	4.32	0.32	3.92	12.37	29.24	0.23	0.27
澜沧县	39.67	66.70	19.90	3.64	65.63	0.14	5.06	58.85	24.96	2.69	0.90
西盟县	6.46	69.50	21.20	0.45	4.25	0.24	3.24	8.55	11.28	0.56	0.27
临翔区	55.84	79.37	40.40	4.49	55.92	0.23	1.94	16.87	31.25	0.62	0.17
凤庆县	74.44	66.24	29.80	4.46	41.50	0.31	2.17	17.02	14.17	1.51	0.37
云县	71.34	70.24	28.40	4.06	46.69	0.31	2.73	19.28	21.70	2.01	0.33
永德县	35.71	67.82	23.10	2.44	41.64	0.19	3.62	16.79	19.52	1.76	0.29
镇康县	28.81	78.44	22.60	2.67	29.75	0.15	4.25	10.99	11.05	0.34	0.13
双江县	24.41	69.64	23.40	1.62	20.30	0.26	3.72	12.73	17.92	0.29	0.13
耿马县	54.24	62.02	32.90	2.80	39.60	0.20	3.47	18.28	20.19	0.95	0.22
沧源县	23.94	72.68	26.40	1.72	27.80	0.28	3.09	14.54	16.05	0.25	0.19

续表

行政区	GDP（亿元）	第二产业和第三产业比重（%）	城镇化率（%）	地方财政收入（亿元）	固定资产投资（亿元）	交通道路密度	人均耕地面积（公顷/人）	低丘缓坡土地资源总量（万公顷）	坡度8°~15°比例（%）	未利用土地（万公顷）	适宜建设面积（万公顷）
楚雄市	220.89	90.00	45.10	13.93	118.88	0.17	1.36	21.20	30.63	0.67	6.35
双柏县	20.02	58.29	22.80	1.42	16.09	0.15	3.39	19.77	20.64	3.30	2.61
牟定县	31.15	70.05	25.80	1.83	25.99	0.21	1.82	9.13	46.78	0.68	1.32
南华县	31.87	64.10	28.80	2.49	22.21	0.27	2.17	13.16	28.01	0.89	2.28
姚安县	29.37	61.87	24.20	1.42	15.25	0.14	1.76	10.74	32.22	0.94	1.36
大姚县	40.87	67.36	26.80	2.80	30.62	0.11	2.11	18.73	16.77	1.81	1.62
永仁县	17.65	61.47	25.50	1.63	18.3	0.11	2.69	10.39	32.36	1.39	0.82
元谋县	30.76	61.64	31.10	1.62	16.17	0.16	1.99	8.82	44.38	3.24	0.64
武定县	35.20	63.92	20.70	3.68	26.66	0.21	2.80	17.49	43.34	1.90	2.80
禄丰县	115.36	79.80	35.40	5.61	57.45	0.14	1.97	21.51	43.88	1.58	2.81
个旧市	167.53	94.34	70.70	10.64	72.04	0.47	1.18	7.64	37.40	1.48	1.36
开远市	124.41	88.99	64.00	8.89	72.21	0.12	1.30	11.40	45.99	2.36	0.79
蒙自市	102.85	82.60	58.00	8.42	72.21	0.26	2.86	10.49	44.40	1.92	0.14

续表

行政区	GDP（亿元）	第二产业和第三产业比重（%）	城镇化率（%）	地方财政收入（亿元）	固定资产投资（亿元）	交通道路密度	人均耕地面积（公顷/人）	低丘缓坡土地资源总量（万公顷）	坡度8°~15°比例（%）	未利用土地（万公顷）	适宜建设面积（万公顷）
屏边县	16.95	72.45	15.20	0.74	14.50	0.18	4.04	8.26	12.81	1.00	0.51
建水县	89.64	76.12	35.10	7.35	75.40	0.14	2.22	18.77	52.62	3.54	0.59
石屏县	38.76	56.79	31.90	2.71	28.20	0.16	2.27	13.41	34.42	1.64	0.52
弥勒县	201.05	89.94	40.20	9.50	75.15	0.15	2.88	16.67	55.93	2.99	0.88
泸西县	53.19	77.18	25.70	5.07	44.66	0.25	2.33	5.16	68.99	0.66	0.31
元阳县	28.35	64.66	10.00	1.61	19.5	0.27	2.10	9.97	15.95	0.71	0.76
红河县	19.94	58.38	10.30	0.83	16.58	0.23	2.14	11.81	16.91	1.64	0.90
金平县	27.88	72.31	17.40	2.20	22.10	0.20	2.47	16.57	12.09	1.70	1.30
绿春县	17.75	68.11	10.80	1.17	17.20	0.21	2.52	11.39	5.38	0.62	0.34
河口县	26.09	71.37	29.60	1.44	17.10	0.40	1.20	6.73	15.35	1.34	0.43
文山市	140.64	89.34	51.10	10.70	96.06	0.18	3.22	14.85	49.48	2.28	0.87
砚山县	75.18	80.42	33.70	4.02	43.25	0.17	3.67	17.91	45.09	2.34	0.71
西畴县	19.24	63.31	17.70	0.78	10.61	0.30	1.86	8.56	17.38	1.28	0.79

续表

行政区	GDP（亿元）	第二产业和第三产业比重（%）	城镇化率（%）	地方财政收入（亿元）	固定资产投资（亿元）	交通道路密度	人均耕地面积（公顷/人）	低丘缓坡土地资源总量（万公顷）	坡度8°~15°比例（%）	未利用土地（万公顷）	适宜建设面积（万公顷）
麻栗坡县	36.60	74.97	24.10	2.70	20.08	0.25	2.19	12.76	19.86	1.17	1.80
马关县	51.37	74.30	30.20	4.31	17.67	0.29	3.20	14.65	25.58	1.61	0.79
丘北县	40.71	58.34	17.60	2.91	31.57	0.17	3.81	26.35	38.98	2.53	1.00
广南县	63.26	60.94	19.90	2.40	29.36	0.12	2.32	47.62	24.62	9.72	1.95
富宁县	49.74	71.27	25.20	2.87	28.60	0.10	2.55	34.05	15.31	5.64	2.50
景洪市	124.91	76.54	41.30	10.18	115.05	0.06	0.92	46.72	38.02	0.50	2.06
勐海县	58.78	74.86	28.60	2.51	16.17	0.10	3.57	33.95	33.91	4.40	1.06
勐腊县	55.01	58.59	34.10	2.91	29.02	0.08	1.42	44.83	25.48	0.52	1.21
大理市	255.17	92.37	57.40	21.52	165.91	0.14	0.55	6.53	26.99	0.64	1.21
漾濞县	14.99	70.11	28.40	1.19	10.61	0.17	2.86	10.54	9.64	0.60	0.42
祥云县	93.15	74.24	31.30	5.41	27.25	0.20	1.31	13.41	40.93	0.77	0.77
宾川县	69.83	55.61	33.90	2.82	39.25	0.22	2.21	9.78	27.01	1.49	0.33
弥渡县	34.39	71.21	20.70	2.27	14.03	0.45	1.41	8.08	19.77	0.45	0.30

续表

行政区	GDP（亿元）	第二产业和第三产业比重（%）	城镇化率（%）	地方财政收入（亿元）	固定资产投资（亿元）	交通道路密度	人均耕地面积（公顷/人）	低丘缓坡土地资源总量（万公顷）	坡度8°~15°比例（%）	未利用土地（万公顷）	适宜建设面积（万公顷）
南涧县	33.76	71.71	23.60	2.65	7.42	0.25	1.73	9.47	9.46	0.59	1.47
魏山县	37.38	65.17	23.10	2.58	12.35	0.22	1.52	13.09	15.13	0.48	0.90
永平县	25.73	60.09	25.80	2.00	11.75	0.23	1.81	15.78	13.27	0.58	0.27
云龙县	38.02	77.56	23.10	2.07	43.55	0.09	2.76	18.80	9.20	1.75	0.61
洱源县	37.73	64.33	22.10	1.95	20.22	0.12	2.09	13.25	24.64	1.95	0.54
剑川县	19.77	76.99	23.20	1.77	10.89	0.14	2.14	13.10	21.88	1.41	0.24
鹤庆县	41.65	79.33	23.90	3.22	43.40	0.14	2.07	11.68	44.17	0.94	0.22
瑞丽市	39.64	80.45	50.60	6.95	44.44	0.22	1.42	4.36	58.62	0.02	0.24
芒市	63.80	73.32	37.10	5.66	59.01	0.20	2.13	14.65	30.11	0.81	1.65
梁河县	14.05	66.19	23.70	1.25	8.99	0.17	2.14	7.03	35.39	0.23	0.75
盈江县	57.43	70.33	28.60	4.95	34.90	0.12	2.30	24.97	36.59	0.87	0.67
陇川县	27.02	58.96	26.00	1.70	10.59	0.19	3.64	10.48	43.73	0.32	0.53
泸水县	26.15	85.47	35.90	1.72	21.76	0.09	1.58	3.35	18.00	0.23	0.16

续表

行政区	GDP（亿元）	第二产业和第三产业比重（%）	城镇化率（%）	地方财政收入（亿元）	固定资产投资（亿元）	交通道路密度	人均耕地面积（公顷/人）	低丘缓坡资源土地总量（万公顷）	坡度8°~15°比例（%）	未利用土地（万公顷）	适宜建设面积（万公顷）
福贡县	7.02	78.21	11.10	0.47	8.50	0.07	1.73	0.48	5.73	0.11	0.02
贡山县	5.32	74.06	22.00	0.38	6.89	0.02	0.98	0.88	2.45	0.56	0.00
兰坪县	30.59	84.70	13.70	3.36	26.48	0.10	2.53	14.26	9.32	1.83	0.37
香格里拉县	70.83	94.62	29.20	3.50	78.20	0.09	1.89	34.29	24.64	4.45	0.65
德钦县	16.44	91.85	16.50	1.28	33.11	0.06	1.91	7.59	3.28	3.03	0.04
维西县	26.57	85.21	22.50	1.86	44.04	0.08	2.34	9.16	17.09	0.58	0.40

附录：低丘缓坡开发项目区实地调研部分照片

大理宾川县谷堆山耙齿山地片区　边坡

大理上登片区　场地平整

昆明富民县豹子沟区块　场地平整

红河泸西县县城东北片区　项目区内道路

红河弥勒县小石山烟草工业园区　项目区内水沟

昆明宜良北古城区块　项目区挡墙护坡

丽江古城区束河红山片区　项目区内道路

图书在版编目（CIP）数据

低丘缓坡山地开发土地利用效率与成本研究：以云南省为例/张洪，袁磊，李彦著. -- 北京：社会科学文献出版社，2016.11

（西南边疆山地区域开发开放协同创新中心研究丛书）

ISBN 978 - 7 - 5097 - 9913 - 0

Ⅰ.①低…　Ⅱ.①张…②袁…③李…　Ⅲ.①丘陵地 - 山地 - 土地利用率 - 研究 - 云南　Ⅳ.①F321.1

中国版本图书馆 CIP 数据核字（2016）第 253107 号

·西南边疆山地区域开发开放协同创新中心研究丛书·

低丘缓坡山地开发土地利用效率与成本研究
——以云南省为例

著　　者/张　洪　袁　磊　李　彦

出 版 人/谢寿光
项目统筹/宋月华　杨春花
责任编辑/周志宽　吴　鑫

出　　　版/社会科学文献出版社·人文分社（010）59367215
　　　　　　地址：北京市北三环中路甲 29 号院华龙大厦　邮编：100029
　　　　　　网址：www.ssap.com.cn
发　　　行/市场营销中心（010）59367081　59367018
印　　　装/三河市尚艺印装有限公司

规　　　格/开　本：787mm×1092mm　1/16
　　　　　　印　张：11.75　字　数：121千字
版　　　次/2016 年 11 月第 1 版　2016 年 11 月第 1 次印刷
书　　　号/ISBN 978 - 7 - 5097 - 9913 - 0
定　　　价/69.00 元

本书如有印装质量问题，请与读者服务中心（010 - 59367028）联系